战争论

[德国] 克劳塞维茨 著
张蕾芳 译

译林出版社

图书在版编目（CIP）数据

战争论 /（德）克劳塞维茨著；张蕾芳译. —南京：译林出版社，2023.9（2024.10重印）
ISBN 978-7-5447-9679-8

Ⅰ.①战… Ⅱ.①克… ②张… Ⅲ.①战争理论 Ⅳ.①E8

中国国家版本馆CIP数据核字（2023）第 068619 号

战争论 ［德国］克劳塞维茨 / 著 张蕾芳 / 译

责任编辑 王瑞琪
装帧设计 胡 苨
责任校对 孙玉兰
责任印制 董 虎

出版发行 译林出版社
地 址 南京市湖南路 1 号 A 楼
邮 箱 yilin@yilin.com
网 址 www.yilin.com
市场热线 025-86633278
排 版 南京展望文化发展有限公司
印 刷 江苏凤凰新华印务集团有限公司
开 本 880 毫米 ×1240 毫米 1/32
印 张 9.625
插 页 4
版 次 2023 年 9 月第 1 版
印 次 2024 年 10 月第 2 次印刷
书 号 ISBN 978-7-5447-9679-8
定 价 69.00 元

出版说明

《战争论》全书共三卷，约七十余万字。为了帮助现代读者了解这部巨著的思想精髓，我们出版的这一精选本希望尽量多地收录克劳塞维茨独创的、不朽的思想——主要见于第一、第二和第七、第八篇中。原著某些篇章基本遵循军官兵法手册的传统模式，独创性比较少，而且大多已被克劳塞维茨之后的技术发展超越，所以在此从略。

战争工业化时代的集大成者

戴　旭

提到克劳塞维茨及其《战争论》，人们可能马上就会想到他的著名论断"战争是政治的继续"。他的原话乃是："战争不仅是一种政治行为，而且是一种真正的政治工具，是政治交往的继续，是政治交往通过另一种手段的实现。"这句话是如此影响深远，以至直到今天人们仍在思考玩味，而它也在一定程度上奠定了《战争论》在西方军事思想史上的地位。

19世纪下半叶以来的西方军事理论教科书中，不把《战争论》列入其中的几乎没有。这本书的影响又绝对不仅仅在理论探索领域，而更在实践层面。在《战争论》成书以后，克劳塞维茨的母国普鲁士的军事家们一直奉此书为圭臬，以它为指导开展军事变革、制定战争计划、进行作战行动，并完成了德意志民族的统一和使德国迈入世界强国之林。伟大的思想又是超越国界的。《战争论》的思想香气还漂洋过海，在整个世界都产生了深远影响。美国的巴顿、英国的蒙哥马利、德国的鲁登道夫，都是克劳塞维茨的信徒并发展了他的思想。就连中国的抗日和解放战争也撷取了克劳塞维茨的思想精华。当年中国共产党领导人毛泽东，曾亲自在延安组织《战争论》学习小组，精心研读这部军事巨著，从中寻找指导中国革命和战争实践的灵感。

《战争论》的思想魅力，在于它凝聚了之前世代的战争智慧，又鲜明呼应了此书诞生时代的军事变迁，而这个时代又是此后新起的现代性世界的发端。换句话来说，克劳塞维茨生活于一个革命的年代，又是战争工业化开始兴起的年代。16世纪以来欧洲人的对外征服，在加速自身的工业化进程的同时，又全面改变了欧洲的经济、社会生活面貌，它在思想上的表现就是启蒙运动的民主、自由、人权思想，以摧枯拉朽之势席卷欧洲，并在欧洲结出资产阶级革命的果实。

法国革命废除了君主制和专制主义，取消了贵族的和教会的特权，使法国开始由传统的臣民社会进入现代的公民社会。它在政治上的体现，就是不问职业、出身和血统的普选制的出现，“无论民族的组成是什么，公民权、大众的普遍参与或选择，都是民族不可或缺的要素”。[1]在革命之后，建立起法兰西第一共和国，通过了《人权与公民权宣言》。而在拿破仑上台执政后，体现启蒙法学家思想的第一部民法典在法国出现，这部法典确认废止封建制。

法国革命加强了法国的行为能力。这给法国战争能力空前提升提供了坚实的政治前提。与此同时，法国革命战争和拿破仑战争适应工业革命兴起的大势，大张旗鼓改革了军队的征兵制度、军队的作战编制、宿营方法、供应方法以及战略战术等重大问题，使军队组织编制与新兴技术实现了完满结合。新技术的应用和军事制度的创新，改变了传统的战争组织方式。克劳塞维茨在《战争论》中写道：“在1793年，一种势力的出现超出了所有的想象。战争突然之间又变成了全民的事务，三千万以

1 埃里克·霍布斯鲍姆：《民族与民族主义》，第21页。

公民自居的民众参与其中。……民众成为战争的参与者，而不像以前只是政府和军队参战。整个国家都孤注一掷，可用的资源和力量超过所有常规界限，没有什么可以阻止发动战争的能量，结果法国的对头面临的是最大的危险。”

拿破仑革命的威力震撼了欧洲。在法国变革社会政治和军事制度后，欧洲各国吸收拿破仑的建军思想，改造了各国的军队。普鲁士的沙恩霍斯特的军事改革理论认为，统治者和被统治者之间建立积极的同盟，是法国在耶拿战役中取得成功的真正秘诀，因此，军队的任命与提升，“在和平时期，必须以知识与学历为准；在战争时期，则以英勇出众与能迅速认清情势为据”，“军事机关内现存一切社会特权应即废止。今后不论出身如何，人人皆有同等义务及同等权利”。[1]法国式的公民权利平等原则被普鲁士军队引进后，普鲁士国家的民族主义思想也蓬勃发展，德国的国家统一也最终在俾斯麦时期得以实现。在1870年决定性的普法战争中，普鲁士的命运与1806年的法国刚好颠倒，这一次，失败的一方所犯的主要错误，同样在于不当地强调了士气而忽视了技术发展，在全民动员能力和士气等皆不相伯仲的情况下，起决定作用的因素已是武器技术。

克劳塞维茨目睹了法国革命在军事上的革新，在先后作为普鲁士军队、俄国军队的军官抵抗法国入侵的战争中，亲身感受到了拿破仑军事创新的得失。没有法国革命和拿破仑战争，便不会有《战争论》。在经历战争失败、普鲁士旧有的社会政治和军事结构都深陷严重困境的情况下，克劳塞维茨作为沙恩霍斯特将军的得力助手，深度参与了拿破仑战争后普鲁士的军事改革，推动了普鲁士军队的编制革新、取消等级限制和建立军队与

1 Gordon A.Craig, *The Politics of the Prussian Army, 1640—1945*, Oxford, 1955, p.43.

民众的密切联系。这种实践也为克劳塞维茨写作《战争论》提供了源头活水。

正是由于既鸟瞰过去，又站在了时代潮头，克劳塞维茨的《战争论》对关系战争和军事的诸多方面，如战争的本质与属性、战争与民众的关系、战争计划、战略要素、军队的组织编制、战争研究方法论等，给予了全面而精辟的剖析。它为军事学在晚近以来成为一门学科门类奠定了知识论基础。在《战争论》的影响下，19世纪下半叶以来，人们在思考研究战争时，无不深入挖掘战争的政治原由；而认真制定战争计划、精心细致准备战争的国家，不仅能够遏止战争，还更有把握赢得战争，德国统一过程中大小毛奇和施利芬都曾长期致力于制定战争计划就是佐证；克劳塞维茨对进攻与防御关系的理解，他反对消极防御而主张积极防御的思想，也可以说明法国在第一次世界大战中为什么早早溃败，而中国革命为什么后来能够成功。

进入20世纪下半叶以来，对克劳塞维茨《战争论》的最大质疑，就是在核武器出现之后，可能的核战争已使"战争是政治的继续"的观点不再成立。这种看法似乎正在抹去克劳塞维茨的思想光辉，其实不然，他对战争和军事问题的大部分认识，直到今天仍有着生命力。比如他说："暴力所受到的国际性惯例的限制是微不足道的，这些限制与暴力同时存在，但在实质上并不削弱暴力的力量。"战争是流血的政治，而且国际法无法完全制止战争，这从新世纪以来的阿富汗战争、伊拉克战争中可见分晓。

当然，对于21世纪的读者来说，面对《战争论》，已不必再纠缠于克劳塞维茨思想的真理性；他是如何研究战争、剖析战争的，这些方法论层面的东西，才更值得人们仔细追究。理论是常青的，但常青的其实是理论的创造过程。克劳塞维茨不信奉建立绝对正确、永恒不变的法则体系，他认识到“每一座理论大厦，都带有进行综合时难免的局限性”。他坚持以实践经验为依据，对战争现象的多种关系进行深入考察，把握抽象战争与现实战争之间的巨大差异，在战争与整个社会现象的联系、进攻与防御的相互转化、精神因素的作用等许多方面提出了闪耀着辩证法光辉的洞见，为后人指示出思考的方向。

如果说《孙子兵法》是农业时代的人类关于战争的思维，《战争论》则是工业时代人类的战争指南。人类发展的历史从来没有割断过，世界军事的发展也是在继承的基础上向前迈进。今天，风靡世界军界的关键词是信息化。但稍有军事常识的人都知道，信息化是建立在机械化基础之上的。

由于中国社会发展始终没有跟上世界发展的潮流，当今天美、欧、日已基本进入信息化时代，中国还处在半农业、半工业时代。这中间或许存在的隐患，不经过大规模战争是暴露不出来的，就像一辆车的安全性能，不经过剧烈的撞击试验无从确认一样。所以，作为军事研究者和爱好者，如果真有志于中国国防的强大，真希望对中国军事发展有所助益，必须在研究方面下苦功夫，以努力弥补战争经验方面可能存在的缺陷。通读《战争论》并不能解决以上问题，但读这部书，至少可以让我们逼近一个眺望西方军事思维的窗口。作为普通人，我们能做到这样，已是难能可贵。

对于读过《战争论》的朋友，我希望他们参照30年来的现代战争实例，比照性地再读一遍；对于没有来得及通读的人，我建议先概略性地浏览一遍。这正是我目前正准备着手的。我把20年来对现代战争的研究，当作研读《战争论》的准备。克劳塞维茨说过，他这本书是要“把自己经过多年思考战争问题而获得的东西，把自己在同许多了解战争的天才人物的交往中、从自己的许多经验中获得的和明确了的东西，铸成纯金属的小颗粒献给读者”。对于想要拾取克劳塞维茨战争思想精华矿石的读者来说，译林出版社的《战争论》精选本是一个很好的选择。

《孙子兵法》问世的时候，还没有火器；克劳塞维茨写《战争论》的时候，也没有飞机。现在，太空战争、网络战争已经一触即发。存在决定意识，不同的战争高度和广度，一定会在理论上出现新的突破。新的战争样式已经进行了几十年。新的战争学说也如雨后春笋。关于未来的战争理论经典已在孕育。《战争论》只不过是眺望未来的一个台阶。未来才是需要我们持续关注的。

克劳塞维茨与欧洲战争

1700—1721	北方战争。
1701—1713	西班牙王位继承战争。
1712	腓特烈二世诞生，其父为普鲁士的“军人国王”腓特烈·威廉一世。
1740	其父王去世后，腓特烈二世成为普鲁士国王。神圣罗马帝国皇帝查理六世之死导致奥地利王位继承战争（1740—1748），公主玛丽亚·特蕾西亚的王位继承权受到巴伐利亚选侯的挑战，后者成为查理七世（1742—1745）。
1740—1742	普奥之间第一次西里西亚战争。
1744—1745	普奥之间第二次西里西亚战争。
1745	玛丽亚·特蕾西亚之夫成为神圣罗马帝国皇帝弗朗西斯一世（1765年去世）。
1756—1763	七年战争。
1765—1790	玛丽亚·特蕾西亚之子成为神圣罗马帝国皇帝约瑟夫二世。
1769	拿破仑·波拿巴诞生。

1780	6月1日，克劳塞维茨出生于勃兰登堡马格德堡的布尔格，那是普鲁士霍亨索伦王朝的领地。11月29日，玛丽亚·特蕾西亚去世。
1786	普鲁士的腓特烈二世（腓特烈大帝）去世，其侄腓特烈·威廉二世继位。
1789	法国大革命开始。
1790—1792	玛丽亚·特蕾西亚的次子成为神圣罗马帝国皇帝利奥波德二世。
1791	雅克·安托万·吉尔贝伯爵去世。
1792	法国革命战争开始：奥地利和普鲁士组织的第一次反法同盟战争（1792—1797）。克劳塞维茨以小兵身份加入普鲁士军队。3月1日，弗朗西斯二世继承父位成为神圣罗马帝国皇帝。9月20日，法军在瓦尔米获胜。
1793	"全民动员"：在共和精神中法国大量招募志愿兵。
1793—1794	克劳塞维茨参加对法战争，目睹美因兹被焚。
1795—1801	驻守新鲁平。
1799—1802	第二次反法同盟战争。
1802—1804	克劳塞维茨在沙恩霍斯特的军官学校学习。
1803	在宫中结识玛丽·冯·布吕尔伯爵小姐，她先后在皇室中担任过几个职务。
1804	8月11日，弗朗西斯二世取得奥地利皇帝的称号，即弗朗西斯一世（1835年去世）。12月2日，拿破仑自己加冕为皇帝。
1805	普鲁士的腓特烈·威廉二世去世，其子腓特烈·威廉三世继位（1840年去世）。
1805	第三次反法同盟战争。10月20日，奥地利军队在乌

尔姆向法军投降；11月12日，拿破仑攻占维也纳；12月2日，拿破仑在奥斯特利茨击败俄奥联军。

1806　第四次反法同盟战争，导致神圣罗马帝国解体。10月14日，克劳塞维茨目睹耶拿-奥尔施泰特战役，拿破仑在此打败了普鲁士。10月28日，目睹此后在普伦茨劳的遭遇战。与奥古斯塔·斐迪南亲王一起被俘，押往法国。

1807　普法之间签订提尔西特和约。奥古斯塔·斐迪南和克劳塞维茨获释回到柏林。克劳塞维茨在哥尼斯堡（现称加里宁格勒）加入沙恩霍斯特军中。

1808—1814　拿破仑在西班牙半岛上作战（半岛战争）；西班牙游击战。

1809　拿破仑对奥地利开战；1809—1810年，提洛尔人民起义。

1810　克劳塞维茨与玛丽·冯·布吕尔伯爵小姐结婚，没有子女。

1810—1812　克劳塞维茨在柏林军事学院任教，辅导太子腓特烈·威廉（后来的腓特烈四世）。

1812　2月，普法订立反对俄国的盟约。克劳塞维茨大为愤慨，起草人民起义的计划，辞去职务，加入俄国军中。他目睹了拿破仑1812年在俄国的战况，特别是伯罗的诺和斯摩棱斯克的战役。

1813—1815　参与反对拿破仑的“解放战争”。

1813　10月16—18日，莱比锡“民族会战”，拿破仑战败。

1814　3月31日，联军进入巴黎。4月6日，拿破仑退位，被流放到厄尔巴岛。

1814—1815　维也纳会议开创“欧洲协调”时期。

1815	3月1日，拿破仑回到法国。6月18日，“佳姻庄”（滑铁卢）战役以拿破仑的失败告终。克劳塞维茨当时在主战场附近。
1815—1830	克劳塞维茨升为将军和军事学院院长。任职期间写下《战争论》。
1820年代	有限战争的回归，大国干涉意大利、西班牙，以及俄国与土耳其的冲突（1828—1829年俄土战争）。
1821	拿破仑去世。
1830	春季，克劳塞维茨离开军事学院加入炮兵部队。6月，法国革命。波兰起义反抗俄国统治。
1831	3月，克劳塞维茨被派往普鲁士占领的波兰领土去阻止波兰起义；11月16日，在布雷斯劳（弗罗茨瓦夫）死于霍乱。
1832—1834	克劳塞维茨的遗孀整理出版《战争论》三卷。

目　录

第一篇

战争的性质

第一章　什么是战争

1. 前　言

我打算先考虑战争的各个基本要素，然后是它的各个组成部分或部件，最后是它内部结构的整体。换句话说，我将从简单谈到复杂。但战争相较于其他话题更必须先看整体，因为战争的整体和部分总是比别处更需要统一考虑。

2. 定　义

我不会用一个学究式的、文绉绉的战争定义来做开场白，而是直接抓住战争的核心要义，也就是对决。战争就是大规模的对决。无数的对决组成战争，但只要想象一下一对摔跤手，那就是战争的整体概念。每个摔跤手都试着通过体力迫使对方服从自己的意志，他的直接目标就是掀翻对手，使其无法作进一步的抵抗。

因此，战争就是迫使敌人服从我方意志的武力行为。

武力要用来反击对手的武力，就必须用艺术和科学的发明来装备自己。一些附着在武力上的限制，如众所周知的国际惯例，是自愿承担、微不足道的，这些限制不会削弱武力。因为道德力量除了在国家和法律中得以体现之外没有存在余地，所以武力，即物质力量就是战争的手段，逼敌人服从我方意志就是战争的目的。为达到这个目的，我们必须让敌人失去力量，在理论上，这就是战争的真正目标。目标取代目的，把目的当作实际上不属于战争的一部分而摒弃它。

3．最大限度地使用武力

好心人当然认为可能有更奇妙的办法，不流太多的血就能解除敌人的武装或击败敌人，并且还想象这是战争艺术的真正目的。听上去挺不错的，但这是必须指出的谬误；战争是高度危险的事，来自好心肠的错误是最糟糕的。最大限度地使用武力与同时运用智力并不相悖。如果一方毫无愧疚地使用武力，在流血牺牲前毫不退缩，而另一方却一味退让，那么前者定会占上风，他会迫使对方也采取流血行动，然后每一方都会把对方逼至极端，唯一能够限制行动的因素只有战争固有的平衡力。

问题就必须这样来看待，纯粹为战争的残暴而愁苦，因而对战争的本来面目装作看不见，这是毫无益处的，甚至是错误的。

如果说文明国家之间的战争没有野蛮人之间的战争残酷，破坏性也没那么强，原因在于国家的社会条件和国家之间的关系。这些都是引起战争的因素，也是限制和缓和战争的因素。这些影响力却不是战争的一部分，在战争爆发之前它们就已经存在。把缓和原则纳入战争理论总是会导致逻辑上的悖论。

两种不同的动机让人互斗：敌对情绪和敌对意图。我们的定义就建立在后者的基础上，因为后者是放之四海而皆准的基本要素。没有敌对意图，就连最野蛮的、几乎是本能的敌对情绪都难以想象会存在；但敌对意图并不经常伴有敌对情绪——至少不伴随有占主导地位的敌对情绪。野蛮人被情感所支配，文明人被智力所操控。然而，区别不在于野蛮和文明的本质特征，而在于随之产生的情况、制度习俗等等。这种区别并不是在每个军事事例中发挥作用，但在大部分事例中见效。总之，即使是最文明的民族，相互之间也可能激起狂热的仇恨。

由此可见，想象文明民族之间的战争仅产生于政府的理性行为，设想战争会逐步摆脱情绪的支配，最终人们将无须运用战斗力量的打击力——只要进行数字化的力量对比就行了，这只是用代数演算的战争，显然是谬误。

理论家已开始朝这方面进行思考，直到近期的战争给了他们一个教训。如果战争是武力行为，必然会掺杂情感成分。战争也许不会源于情感，但情感会在某种程度上影响战争，其程度不是取决于文明水平，而是取决于双方利益冲突有多重要，冲突会持续多久。

如果说文明人不再屠杀俘虏或蹂躏城市和村庄，那是因为在他们的战争方式上智慧起了很大作用，教会他们更有效地使用武力而不是赤裸裸地宣泄本能。

火药的发明、火器的不断改进，足以说明文明的进步实际上没有改变或偏离消灭敌人的冲动，这种冲动就是战争的核心。

这个中心主题必须再重复一遍：战争是武力行动，对使用武力没有逻辑上的限制。因此，每一方都是迫使对方拿起武器反抗，这种互动一旦启动，在理论上肯定就会走向极端。这是我们遇到的第一种互动，第一个“极端”。

4．目标是解除敌人武器

我已经说过战争的目标就是解除敌人的武器，现在要说的是，至少在理论上这是势在必行的。如果要让敌人受到胁迫，你就应该把他放在更恶劣的环境里，比你要求他做出的牺牲还要糟糕。局势的艰难当然不能是转瞬即逝的——至少在表面上不应如此。不然的话，敌人就不会束手就擒，而是等待局面扭转。持续敌对产生的变化至少在理论上必须是那种给敌人造成更加不利局面的变化。交战国所遇到的最差的条件就是毫无防御能力。因此，如果你要依靠战争逼敌人就范，你必须打得他无还手之力或至少把他置于这种危险的可能性中。这就是说，征服敌人或解除敌人的武器——随你怎么称呼，必须是战争的目标。

然而，战争不是有生命的力量针对无生命物质的行为（毫无抵抗就不是战争了），而总是两个有生命的力量之间的对抗。上面阐述的战争的最终目标适用于交战双方。这又是一种互动。只要我没扳倒对手，我就有理由害怕他会扳倒我。于是，我不再掌控一切：他可以像我对待他一样对我颐指气使。这是第二种互动，导致第二个“极端”产生。

5．力量的极限发挥

想征服敌人，你的努力必须与他的抵抗力相匹敌，后者可以说是两个不可分割的因素的产物，那就是他可以使用的全部手段和他的意志力。能使用的手段多少是一个数字问题（虽然不是只能用数字表示），是可以衡量的；但意志力就不那么容易确定，只能依照推动意志力的动机来粗略地判断。假定你用这种方式已经相对准确地估计到敌人的抵抗力，你对自己的努力也可做相应的调整，也就是说，你或者加大努力，使其超过敌人的抵抗力；或者假如那非你能力所及，你就尽力而为。但敌人也会做同样的事，竞赛由此产生，在纯理论范畴内，这必然又把你们双方推向极端。这是第三种互动和第三个“极端”。

6. 战争实践中的和缓

因此在抽象思维领域里，好刨根问底的头脑不走极端是不会罢休的。目前就有一个极端要处理：自由运作、无拘无束的武力冲突。你可以从战争的纯粹概念去为所瞄准的目标、为实现目标的手段推论出终极条件，但如果你这样做的话，持续不断的互动会使你陷入极端，这种极端只是由一连串几乎是隐形的、细微的逻辑差别演绎而来的幻想。如果纯粹从终极条件来思考，我们大笔一挥就能避开所有困难，用不可动摇的逻辑宣称，既然极端始终应该是目标，我们就必须始终把努力发挥到极致。这种宣告只存在于抽象领域，分毫影响不到真实世界。

即使假定这种发挥到极致的努力是一种可计算的绝对数量概念，人的心理也不可能同意被这种逻辑幻想所操控。这种操控常常会导致力量的浪费，与其他治国经纬原则相左。这需要把意志力发挥到与既定目标不相称的地步，但实际上是难以实现的，因为细微的逻辑差异不会激励人的意志。

但从抽象世界来到现实世界，情形就完全不同。在抽象世界里，乐观主义有着至高无上的权力，迫使我们设想双方不仅寻求完美的冲突而且可以达到至臻完美的境界。在实战中会是这样的吗？那需要有一些前提，即：(1) 战争是一种完全孤立的行为，是突然爆发的，而且与战前政治世界里发生的事情毫无瓜葛；(2) 战争只包括一次决战或一系列同时进行的决战；(3) 决战本身完美无缺，不受任何关于战后政局的预先评估影响。

7. 战争绝不是孤立行为

至于这些条件中的第一条，应该牢记的是敌对双方都不是抽象的人，甚至在抵抗力中的那个因素，也就是意志力，也不是抽象的。意志并不完全是未知数，我们可以在今天的基础上预测明天意志的状况。战争不可能毫无征兆地爆发，也不可能瞬间蔓延。各方在很大程度上都可以根据对方的实际所作所为做出判断，而不是根据对方严格地说应该怎样、应该做什么来判断。然而，人和人类事物总是不可能做到尽善尽美。这些缺点对双方都有影响，因此就形成了和缓机制。

8. 战争不是一次短暂的打击

第二个条件可作以下评论：

如果战争由一次决战或一系列同时进行的决战组成，准备工作应是完备无缺，因为任何疏漏都无法补救。现实世界能够为准备工作提供的唯一标准就是敌人所采取的措施——只要我们知道这些措施。其余的部分又一次不得不由抽象世界来测算。但如果决战由依次接替的军事行动组成，那么任何一次行动连贯起来看，都能成为下一次行动的衡量标准。由此看来，抽象世界又一次被现实世界所取代，走极端的倾向也因此而得到缓和。

当然，如果所有手段被同时使用或能够同时使用，所有战争都自动形成一次决战或一组同时进行的决战——因为任何不利的决战一定会减少可用的手段，如果把手段全部投入到第一次行动中，就不会有第二次行动。任何接下来的军事行动实际上只能是第一次行动的一部分，换句话说，只是第一次行动的扩展。

然而，正如上面所述，战争准备一旦开始，现实世界就会取代抽象的思想领域，物质性的筹划就会取代极端的假设。如不出意外，双方的互动不再会倾力而为，因此，他们的全部资源也不会同时动员起来。

再者，这些资源的性质和使用特点意味着它们不可能在同一时间全部部署下来。这些资源是严格意义上的军队、国家（包括其特征、人口）和同盟国。

国家（及其特征和人口）不仅仅是严格意义上军队的来源，国家本身就是推动战争的因素中不可分割的要件——虽然指的只是战区那部分，或对战争产生巨大影响的那部分。

毫无疑问，完全有可能同时使用所有的机动部队，但说到要塞、河流、山脉、居民等等，是不可能同时动用的。总之，整个国家是不可能说投入就投入的，除非国家太小，战争的军事行动一下子席卷了整个国家。另外，盟国不会纯粹按照交战国的愿望进行合作，国际关系一向如此，这种合作常常在后期才出现，或只在平衡被打破需要加以纠正时才会有所增进。

在多数情况下，不能立即使用的抵抗手段所占比例会比最初想象的要高。甚至即使在最初决战中耗费了大量的力量，平衡遭到巨大的破坏，均势仍能重新恢复。在以后适当的时候，我们还要详谈这个问题。战争本身的性质阻碍了所有军队的同时集结，在现阶段指出这点就已足够。当然，这个事实本身不能成为不在第一次决战中倾力而为的理由，因为失败总是糟糕的事，没人愿意刻意去冒这个风险。即使第一次冲突不是唯一的，对后面的行动所造成的影响与第一次冲突的规模也是成正比的。但是，孤注一掷总是有悖于人性，因此，通常会找借口说后面还会有决战，从而避免在第一次决战中全力而为。于是，在第一次决战中，所付出的努力和军队集结情况往往就会不尽充分，一方的疏漏就会成为另一方付出较少努力的真实而客观的借口，走向极端又一次遭到这种互动关系的阻止。

9．战争中没有最终结局

最后要说的是，即使是战争的最后结果也不总被看作是最终结局。战败国常常把结果只看作暂时的不幸，在以后时日仍能找到政治补救办法。显然，这也能缓和紧张局势，降低战争张力。

10．现实生活的盖然性取代理论的极端性和绝对性

战争因此而避开了理论所要求的极端力量的使用。一旦不再害怕走极端或不再动用极端，事情就变成了要判断该付出多大程度的努力，而这只能建立在现实世界和盖然性法则的基础上。一旦敌我双方不再是抽象的概念，而是具体的国家和政府，一旦战争不再是抽象事物，而是服从自身特殊法则的系列行动，现实世界就能提供信息，而我们就可以据此推演出将来的未知事物。

11．政治目的重新凸显

在第二节里提及的问题又一次出现在我们面前，即战争的政治目的。迄今为止，该问题一直在极端法则的光芒下默默无闻。极端法则就是使敌人屈服、使敌人丧失抵抗的意志。但当

这条法则开始失势，而这种意志不再那么坚定，政治目的便会东山再起。假如问题只是测算由特定个人和条件来决定的盖然性，那作为最初动机的政治目的就必须变成这个计算公式的基本因素。你从对手那里讨要的赔偿越小，他就越有可能偿还给你；敌人付出的努力越小，你需要付出的也越小。另外，你自己的政治目的越小，你就越不重视，需要的话你就越有可能放弃。这就是你会减少努力的另一个理由。

政治目的——战争的最初动机——决定着要达到的军事目标和需要付出的努力。然而，政治目的本身不能提供衡量标准。既然我们处理的是现实问题，而不是抽象问题，政治目的就只能在交战两国共同的背景下提供衡量标准。同样的政治目的能在不同民族引起不同的反应，甚至处在不同时期的同一民族反应也不同。因此，只有在想到政治目的能对它想发动的军事力量施加的影响时，我们才能把政治目的当作衡量标准。这就需要研究那些军事力量的性质，其性质特点是推动一个军事行动还是拖军事行动的后腿，结果完全不同。两个民族、两个国家之间可能出现紧张局势，紧张到一触即发的地步，一场小小的争吵就会制造惊天动地的后果——真正的大爆炸。

政治目的在两国中预期能激发的努力、两国政策所要求的军事目标都是同理。有时候政治和军事目标是一致的——比如占领一个省；有时候政治目的不能提供合适的军事目标，这就需要采纳另一个军事目标为政治目的服务，并在和谈中把政治目的体现出来。但即使如此，交战国的特点不能不给予关注。有时候想要达到政治目的，替代目标必须比政治目的更重要得多。国民越少卷入战争，国内和国际的局势越不紧张，政治要求本身就越占主导地位，就越能起决定性作用。于是，就会出现这样的局面——政治目的几乎是唯一的决定因素。

一般来说，在规模上与政治目的相匹配的军事目标会随着政治目的之减小而相应地减小；随着政治目的越来越占有主导地位，军事目标会愈发壮大起来。这就是为什么战争顺理成章地具有不同程度和不同重要性的表现形式，从歼灭战到简单的武装观察。这就给我们带来了另一个需要分析和回答的问题。

12．军事活动的中断仍未得到解释

不管任何一方的政治要求有多克制，使用的手段多么轻微，军事目标多么有限，战争过程能够中断吗？哪怕中断片刻？这个问题涉及事情的核心。

每一次行动都需要一定时间来完成。这段时间称为行动的持续时间，其长度取决于每个人的工作速度。速度不同不是我们要关心的事。每人都有自己的行事方式。动作缓慢的人不是因为他想多花点时间而放慢工作进度，而是因为他的性格导致他需要更多时间。要他加快速度，只会欲速而不达。他的速度是由主观原因所决定的，是这项工作实际持续时间的一个因素。

如果每次行动都允许有相应的持续时间，至少乍一看，我们会认为额外的时间花费（军事行动的暂停）似乎是荒谬的。关于这一点，我们必须记住，我们所谈的不是任何一方的进展问题，而是军事互动的整体进展问题。

13．只有一种考虑可以中止军事行动，而且它似乎只能出现在一方

如果双方都在备战，一定有某种充满敌意的动机把他们带到那种境地。只要他们仍然处在备战状态中（没有签订协议），

那个充满敌意的动机就仍然起着作用。只有一种考虑可以遏制事态发展：行动之前等待更好时机。乍一看，这种等待更好时机的愿望只由一方所持有，因为另一方的愿望应该正好相反。军事行动对一方有利，另一方就必须等待才不吃亏。

但是，力量的绝对均衡不可能停止行动，因为如果真有这种均势存在，那么主动权肯定掌握在有积极目的的一方——攻方。

但可以设想在一个均势中有积极目的的一方（行动的理由更充分）具有较弱的军事力量。这个平衡就产生于目的和力量共同制造的结果中。真是如此，我们会说除非在不久的将来平衡会有所变动，不然的话，双方应该选择签订和约。可是，如果能预知某些变动，而且只有一方是这种变动的受益者，就应该会激起另一方采取行动。用均势这个概念无法清楚地解释为什么按兵不动。唯一的解释是双方都在等待更好的时机。因此，让我们假定其中一个交战国是有积极目的的，如占领对方一部分领土作为和谈筹码。领土一旦到手，政治目的就达到了，没有必要做更多的事，可以偃旗息鼓了。如果对方准备接受这个局面，它就应该争取和平。如果不能接受，就必须有所行动；如果它认为在四星期以后能准备就绪，它显然有充足的理由不立刻采取行动。

但从那一刻起，逻辑似乎会要求另一方行动起来——目的是不给敌人留下做准备的时间。当然，纵观我所假设的这一切，必须具备一个条件，那就是双方都对情况了如指掌。

14．军事行动会持续并又一次激化矛盾

如果这种持续性存在于战役中，其影响力又会让所有的事情走向极端。这种停不下来的活动不仅挑起人的情绪，不仅在

这种情绪里注入更多的激情和基本力量，而且各种事情还会纷至沓来，形成一条更为严格的因果链。每次单个行动都变得更加重要，也就更加危险。

但战争当然并不常带有这种持续性。在众多冲突中，军事行动只占一小部分时间，其他大部分时间里，人们都是按兵不动。这并不总是反常现象。战争中停止行动是可能的，换句话说，措辞上并没有矛盾。让我摆出这个观点，谈谈其原因。

15．两极性原则

由于设想双方统帅的利益正好相反而又彼此相当，我们就设定了一个真正的两极性情况。后面会有整个章节用来讨论这个问题，但在这里有必要作如下解释。

两极原则只在涉及同一事物时才站得住脚，在这一事物中，正面利益和反面利益正好抵消。在一场双方都旨在取胜的战斗中，真正的两极性就出现了，因为一方的胜利势必使另一方的胜利化为乌有。然而，当我们处理两个具有共同外部关系的不同事物时，两极性不在于事物本身，而在事物的关系。

16．进攻和防御种类不同，力量不对等，无法运用两极原则

假设战争只有一种形式，即进攻敌人，防御是不存在的；或换句话说，进攻和防御的区别只在于进攻的目的是积极的，防御的目的不是，而战斗的形式是相同的，一方的有利条件完全等于另一方的不利条件。如果真是如此，两极原则就可以存在。

然而，战争中清楚地存在两种军事行动：进攻和防御。下面会详细提到，两种行动截然不同，力量也不相等。两极性既不存在于进攻，也不存在于防御，而是存在于双方争取达到的目的：决战。如果一方统帅想推迟决战，另一方必定想加快决战，并且都认为双方在进行同种类型的战斗。如果说现在进攻乙方对甲方不利，四星期后进攻有利，那么对乙方来说，现在遭到攻击比四星期后遭到攻击要好得多。这是即时而直接的利益冲突，但并不能由此得出结论——立刻进攻甲方对乙方有利。这显然是另一个问题。

17. 防御相对于进攻的优势经常破坏了两极性效果，这可解释军事行动的中断

我们要指出的是，防御相比于进攻是较强的战斗形式。于是我们要问，推迟决战对一方来说是不是像防御对另一方那样有好处。如果没那么好，推迟决战的好处就不能与防御的好处相抵消，就不能以这种形式影响战争的进程。显然，利益的两极化所造成的推动力会在进攻和防御力量的不同中消耗殆尽，并因此而失去作用。

于是，如果目前占有利地位的一方不够强大，还离不开防御带来的种种好处，它就不得不接受将来在不利条件下作战。即使在那些不利条件下打防御战也比立即进攻或求和要好。我相信防御的优势（如果理解正确的话）是非常大的，比初看时候要大。这就毫不矛盾地解释了战争中为什么很多时期都是按兵不动。行动的动机愈弱，就愈被进攻与防御之间的差异所覆盖、所压制，军事行动就愈会频繁中断——经验就证明了这一点。

18．第二个原因是对情况了解不足

还会有另一因素导致军事行动停顿：对情况了解不足。统帅知道得最清楚的是自己的情况，对手的情况只能通过不可靠的情报去了解。因此，他的估计也许会出错，会让他以为主动权在敌人手里，而实际上却在他自己手里。当然，这种错误评估也有可能导致不合时宜的军事行动，不仅仅导致不合时宜的作战停止，对延迟作战还是加快作战进度起不了指导作用。然而，这种评估应列入导致军事行动停顿的自然原因中，这并不自相矛盾。人总倾向于过高估计而不是过低估计敌人的实力，人性就是如此。记住这一点后，我们得承认，对情况了解不足总的说来是推迟军事行动、使之趋于缓和的一个主要因素。

停顿的可能性对于战争的进度还有一种缓和作用，可以说靠延迟危险而冲淡它，并增加恢复双方均势的手段。导致战争的局势愈紧张，接下来的战争努力愈大，按兵不动的时间就愈短。相反，制造冲突的动机愈弱，行动之间的间歇时间就愈长。强烈的动机增强意志力，意志力据我们所知，既是力量的因子，又是力量的产物。

19．频繁的间歇避免战争走极端，成为一个衡量盖然性的问题

进度愈慢，军事行动停顿愈频繁，就愈能补救犯过的错误，将军们的评估就愈大胆，他们就愈能避免纸上谈兵造成的极端，愈能把计划建立在盖然性和推理基础上。任何特定局势要求根据情形估计盖然性，这种估计所花的时间取决于军事行动发生的节奏。

20．只需要机遇就能把战争变成赌博，而机遇无处不在

战争的客观性质显然已把战争变成了一个可估计盖然性的问题。还需要一个因子把战争变成赌博——机遇，而这是战争中最不缺少的。人类其他活动都没有如战争一般持续地或普遍地与机遇捆绑在一起。通过机遇这个因子，猜测和运气在战争中起到重要作用。

21．不仅客观性质，而且主观性质也把战争变成了一场赌博

如果我们现在简单地考虑一下战争的主观性质——开战的手段，怎么看怎么就像一场赌博。战争存在的要素是危险。在危险时刻最高道德品质当然是勇气。现在勇气已与谨慎筹谋完美兼容，然而，这两件事毕竟是不同的，涉及不同的心理作用力。冒险精神、敢作敢为、鲁莽大胆、相信运气只是勇气的变种，所有这些性格特征都在寻求它们合适的环境——机遇。

总之，在军事谋划中，数学上的所谓绝对值是没有坚实基础的。从一开始就是盖然性、潜在性、好运气、坏运气的相互作用，好坏运气纵横交错地贯穿了整个战争画面。在所有的人类活动中，战争最像扑克游戏。

22．总体上看，这最符合人性

虽然我们的智力总是要求明晰和确定，但我们的天性总是

着迷于不确定性。天性总是在机遇和运气领域里想入非非，而不愿陪伴智力在哲学求解、逻辑推理的曲折窄道上跋涉——这条道不知怎地，只通往所有熟悉地标都踪迹全无的陌生环境。人的天性不受狭窄需要的限制，喜欢徜徉在充满可能性的海洋里，这些可能性让勇气展翅高飞，或像无畏的泳者投入急流一样潜入冒险的环境。

理论是不是就在这里撇下人类的感情，一味地追求终极结论和规定？如果是这样，理论在现实生活中就毫无用处。不行，理论也应该把人的因素考虑在内，为勇气、敢作敢为甚至有勇无谋留下空间。战争艺术就是跟生存、精神力量打交道。因此，它达不到终极标准或确定性，不管在大事还是小事上，都要为不确定性留有余地。有不确定性在天平的一边，要保持平衡就必须把勇气和自信放在天平的另一边。勇气和自信心愈大，留给处理意外变故的余地就愈大。所以，勇气和自信心是战争中不可或缺的，理论的条条框框要给这些军事美德中最不能缺乏的优秀品质留有足够的空间——包括其各个层面上和各个形态。甚至在冒险精神里也有方法论和谨慎，但在这里，衡量它们的标准是不同的。

23．战争是达到严肃目的的一种严肃手段：更精确的战争定义

这就是战争，这就是指挥战争的军事长官，这就是支配战争的理论。战争不是消遣，不只是带来冒险和取胜的乐趣，对那些不负责任的热心分子，战争中没有他们的位置。战争是利用严肃手段达到严肃目的的人类活动，它所包括的赌博色彩、爱恨情仇、勇气、想象力和热情只是它的特殊性质。

当整个国家陷入战争——全民皆兵，特别是文明民族的战

争，其原由总是某种政治形势导致的，战争的爆发往往也源于某种政治目的。因此，战争是一种政治行为。如果战争是完全不受约束的、绝对的暴力行为（战争在纯粹意义上是如此），那么，战争就会在政治把它发动起来后，以它的独立意志篡夺政治的位置，把政治赶下台，用它自己的法则来统治。就像地雷，只会按事先设定的方向和方式爆炸。实际上，当政治和战争方式之间出现的不一致促成理论方面的此类看法，人们就会把战争当作独立于政治之外的东西。现实中的情形不是这么回事，这种观点是完全错误的。以往的战争在现实中就不是这样。它的暴力因子不是一次性地释放，而是各种势力的合力结果，这些势力发展壮大的方式和程度都不一样。有时候这些势力扩大到足以克服惰性的抵抗和摩擦产生的阻力；有时候，这些势力又太弱，难以发挥作用。战争是暴力的舒张，力度不同，因此爆发和释放能量的速度也不同。战争以不同的速度朝自己的目标进发，但它总会持续到这目标会受到影响，持续到以这种或那种方式改变自己的进程——换句话说，直到出现较高级的智力活动来支配战争。如果我们牢牢记住战争来源于某种政治目的，那么很自然，在指挥战争时，其最初原因仍是最重要的考虑。然而，这并不意味着政治目的对战争就可以予取予求，政治必须适应所选择的手段，这个过程中政治目的有可能变得面目全非。然而，政治目的一直是首要考虑。政治会渗透到所有军事行动中，在其暴力性质允许的范围内，对其施加持续不断的影响。

24．战争只是政治以另一种手段的延续

因此，我们知道战争不只是政治行为，而是真正的政治工具，是政治交往的继续，是政治交往通过另一种手段的实现。战争的

独特之处只在于其手段是独特的。无论是总体上的战争，还是特殊战例中的指挥官，都有权要求政治趋势和政治谋划与这些手段保持一致。当然这个要求不小，但它在特定战例中无论怎样影响政治目标，最多也不过对这些目标进行一些修改。政治目的是目标，战争是实现目标的手段，手段决不能与其目的分开来考虑。

25．战争的多样性

战争动机愈强烈、愈鼓舞人心，就愈能影响交战国，战争爆发前的紧张气氛就愈可怕，战争就愈接近它的抽象概念，摧毁敌人就变得愈发重要，军事目标和战争的政治目的就愈相吻合，战争就愈趋于军事化而不是政治化。相反，动机愈不强烈，军事要素中的暴力倾向就愈跟政治指示不合拍。结果战争就会偏离它的自然进程，政治目的就会跟理想战争的目标分道扬镳，战争冲突就会愈来愈趋向政治化。

为了不让读者在这一点上走入误区，必须指出的是这种说法——也就是战争的“自然倾向”，只是哲学意义上的、严格的逻辑意义上的自然倾向，而不是参与实际战斗中的各种力量倾向——比如参加战斗者的士气和情绪。有时候，参加战斗的人士气高昂、情绪高涨，政治对他们已很难控制。但这种矛盾不常出现，因为，如果动机变得十分强烈，一定会有相应大的政治计划。相反，政治如果只针对小的目标，群众的情绪就难以调动起来，以至于往往需要加以激发而不是压制。

26．所有战争都能看成政治行为

我们该回到主题上来，看到政治虽然在一类战争中淡出而在另一类战争中锋芒毕露，但这两类战争都是政治性的。如果把国家比作个人，政治就是这个人头脑的产物，在国家必须做好准备的所有偶发事件中，战争是其中之一，战争的所有要素都要求用暴力掩蔽政治。只有当政治不被认为是来自对事务的公正评价，而按照惯例被认为是谨慎、诡诈、回避暴力的方式，第二类的战争才比第一类战争看上去更政治化。

27．这种观点对理解军事历史、军事理论基础的影响

首先，战争决不能看作是独立自主的行为，战争始终是政治的工具。不这样看的话，整个战争史就会与我们作对。只有坚持把战争看成政治工具才能聪明地洞悉战争这个问题。其次，只有这样看待战争，我们才能清楚战争是如何随着动机性质的不同、随着导致其发生的局势不同而呈现出不同的面貌。

政治家、军事指挥官要做出的首要而意义深远的判断，就是依照那个检验标准来给他们发动的战争定性，既不错误地理解战争的本质，也不试图把战争同其本质割裂开来。这是所有战略问题中首要的、综合性最强的问题，在后面的有关战争计划的章节会详细谈到。

在本章，我们已确立研究战争和战争理论所必须依据的基本观点，也就无须赘述。

28．理论的结果

战争比一条真正的变色龙更善变，在不同的战例中相应地改变其特点。战争的主要倾向透过其全部现象总是形成看似矛

盾、实则合理的三位一体——其一是原始暴力性、仇恨和敌意，这些被认为是盲目的自然力；其二是盖然性和偶然性的作用，富有创造性的精神可以在其中自由地徜徉；其三是战争作为政治工具所具备的服从性，这种服从性使其只向理智低头。

这三个方面的第一个方面主要跟人民有关，第二个方面跟指挥官和他的军队有关，第三个方面跟政府有关。战争中被点燃的激情应该在人民心中早已存在，勇气和才智在盖然性和偶然性领域所起的作用取决于指挥官和军队的特点，但政治目的只是政府范畴内的东西。

这三种倾向像三条不同的法则，在缘由上是根深蒂固的，但它们之间的关系是可以变化的。理论如果无视这三种倾向中的任何一种，或在三者之间硬性确定一种关系，这种理论就会与现实背道而驰，从而变得毫无用处。

因此，我们的工作就是发展一种能在这三种倾向中保持平衡的理论，就像一个可以悬在三块磁石中间的物体。

要完成这样一项困难工作所需要的步骤将在《战争论》这本书[第二篇]中得到探讨。上面系统阐述的战争的初始概念至少让我们对理论的基本构架有一点初步了解，使我们对理论的主要部分具备初步的区分和识别的能力。

第二章　战争中的目的和手段

前面章节已经谈过战争的性质是复杂多变的，现在我要探索战争的性质如何影响它的目的和手段。

首先如果研究一下任何战争中指导军事行动的目标——这个目标是用来确保政治目的得到适当满足的，我们发现任何战争目标都与它的政治目的和实际情形一样变化多端。

如果此时考虑战争的纯粹概念，我们不得不说战争的政治目的与战争本身没有联系，因为战争是暴力行为，是用来强迫敌人服从我们的意志的，战争的目标始终如一就是战胜敌人、解除敌人的武装。这个目标来源于战争的抽象概念，但因为许多战争都与这个目标十分接近，那我们就首先关注一下这种战争。

随后，我们要讨论战争计划这个话题，详细地研究解除一个国家的武装究竟是什么意思。不过，我们要分清楚三件事，三个加起来包罗一切的宏观目标：敌人的军事力量、国家、敌人的意志。

敌人的军事力量必须遭到摧毁，也就是说，迫使这股力量无力继续战斗。每当使用“摧毁敌人的军事力量”这句话，我们指的就只有这个意思。

必须占领敌人的领土，不然敌人会东山再起，组织新的军事力量。

然而，这两件事都做到后，只要敌人的意志未被摧毁，战争就没有结束。战争是仇恨，是敌意因子的相互作用。也可以这样说，只要敌国政府和联盟没有来乞求和平，或者敌国人民仍未屈服，战争就没完。

我们也许占领了整个国土，但国内也许会重新爆发敌对情绪，或在同盟国的帮助下重新产生敌意。当然，在议和后仍有可能发生这种事，但这只表明不是每一场战争都必然带来最终结果和最终方案。不过，即使又会产生敌意，和平协议仍可以扑灭大面积闷燃的火星。另外，紧张气氛也会得到缓解，因为和平爱好者会放弃进一步采取军事行动的想法（任何民族中、任何情形中都不乏其人）。不管怎样，我们应该认定随着议和的到来，战争的目的已经达到，战事该结束了。

由于在以上提到的三个目标中，军队是用来保卫国土的，按正常程序必须先消灭军队，然后再占领国土。实现这两个目标并充分展示了我们的军威之后，我们就可以把敌人拉回到谈判桌上。通常消灭敌人的军队是个渐进的过程，接下来对国土的占领也不是一蹴而就。一般来说，两个方面互相影响，国土的丧失也能削弱军事力量，但上述顺序并不是绝对的，因而情况也不总是如此。敌军在受到严重损失之前会退到边远地区，甚至退到别国。真是如此，当然就必须占领大部分或整个国土。

解除敌人武装是抽象意义上的战争目的，是实现战争政治目的的终极手段，其他一切手段都包括在这个终极手段中。但是，在现实中并不总能解除敌人武装，也无需把它作为和平条件来倾力为之。理论决不能把解除敌人武装提高到定律的水平。许多和平协议在敌人还未失去战斗力之前就签署完毕，甚至在力量对比还未出现严重失衡之前。再说，纵观实例，在好多战例中，消灭敌人的想法很不现实：敌人实际上处于较为强大的位置。

为什么理论中的战争目的与实际冲突有时并不符合，那是因为有两种不同类型的战争，这一点在第一章已经讨论过。如果战争真如纯理论所假定的那样，力量对比严重失衡的两国之间的战争就是荒唐的，干脆根本就不可能发生。因为在纯理论中，双方物质力量的差异至多不能超过精神力量可以弥补的那部分，而以当今欧洲的社会条件来看，精神力量不足以弥补多少。但事实上力量悬殊的两国还是会发生战争，因为实际战争与理论假定的抽象战争概念有很大差距。其实，争取和平的另外两条理由可以替代无力继续作战：一是无法取胜，二是代价过大。

正如我们在第一章所看到的，战争从整体上必定会从内在必然性规律走向盖然性。造成冲突的条件愈是把战争推向盖然性，战争动机就愈弱，所造成的紧张局面就愈不严重。这就不难理解为何针对盖然性的分析可导致和平。不是每一场战争都需要把其中一方打趴在地才能罢休。动机不强，局面不够紧张，我们可以想象对方稍露败迹就足以让它屈服。如果从一开始另一方就认为有这种可能性，它肯定会集中精力去实现这种可能，而不是绕一个大圈去彻底击垮敌人。

对求和决心影响更大的是对已经付出和即将付出的努力的认识。战争不是毫无意义的冲动行为，而是由政治目的所支配的行为，政治目的的价值决定了该付出多大、多久的牺牲。付出的努力一旦超出政治目的的价值，这个目的就会遭到摒弃，和平就会来临。

我们知道如果一方无法完全解除另一方的武装，双方的和平愿望会随着将来成功的盖然性和所需付出努力的多少而起伏不定。如果双方要求和平的动机不分高低，它们可能打了一半就坐下来谈判解决政治分歧；如果一方动机较强，另一方势必较弱。只要双方动机的总和足够强烈，和平就会到来——只不过不急于求和的一方掌握了更多的谈判优势。

我们刚才有意撇开了一点不谈——政治目的的积极性或消极性在现实中注定造成的差异。我们后面将要看见，差异是重要的，但在此时我们考虑的应更宏观一些，原来的政治目的随着战争的进程有了更大的改动，最后可能面目全非，这是因为这些政治目的受到事件及事件产生的后果的影响。

现在出现的问题是怎样做才更有可能取胜。当然，一个办法就是选择能顺带摧毁敌人——摧毁其武装力量，或占领其领土的目标，但如果我们的真正目的是全面打垮敌人，策略就有所不同。如果我们进攻敌人的时候，在第一次军事行动后又布置了系列行动直到击毁所有抵抗——这是一回事；如果我们的目标只是一次性的胜利，只是为了让敌人缺乏安全感，只是向他们示威，让他们感到前途渺茫——这又是一回事。如果目标是后者，我们只会使用恰如其分的力量。同样如此，如果摧毁敌人不是目的，占领土地的问题又不一样。如果我们意欲取得全面胜利，摧毁敌人的武装力量就是最适宜的军事行动，而占领领土不过是其结果而已。不击败敌军就占领了其领土充其量只是必要的下策。不过，如果我们的目标不是摧毁敌人军队，如果人们相信敌人不仅不想进行暴力性的决战，而且还害怕这种决战，那么占领一个防守不严或没有防守的省份本身就是一个优势。假如这个优势足以让敌人对最后结局产生惧怕心理，那么这就是通往和平的捷径。

但是还有另外的办法，有可能在不打败敌人军队的情况下一举成功。我指的是招致直接政治反响的军事行动。首先设计这些军事行动是为了分裂敌对联盟或使之瘫痪，而且也是为了让我们获得新的盟友，为了让政治局势朝有利于我们的方向发展，等等。如果此类军事行动可以成立，显然大大增加了我们成功的几率，比摧毁敌军这一手段更能快捷地实现我们的目标。

第二个问题是如何对敌人的军费开支施加影响，也就是说，让战争在敌人眼里变得昂贵无比。

敌人的昂贵代价在于军队的损耗——遭到我们的摧毁；也在于领土的丧失——被我们占领。

进一步的研究表明随着目标的变更，这两个因素重要性也不一样。这种差异通常不大，但也不应该小觑，实践证明，当缺乏强烈的动机时，细微的差异时常决定了使用力量的大小。此时最重要的是要指出，在特定条件下，实现目标的方法完全有可能不同，这些不同的方法既不矛盾，也不荒谬，甚至也没有错。

另外，有三种其他方法直接为了导致敌人付出昂贵代价。第一种方法是侵略，也就是占领敌人的领土，目的不是为了拥有这块土地，而是为了索取特别税，或者索性让该地变得荒芜。这种做法的直接目的既不是征服敌国，也不是击毁敌国的军队，只是给敌人造成普遍损失。第二种方法是重点采取能给敌人带来痛苦的军事行动。很容易联想到两种抉择：如果目标是打败敌人，其中一种军事行动是十分有利的；如果无法打败敌人，那么另一种就更有利。一般来说第一种方法更军事化，第二种方法更政治化。然而，从更高的角度来看，两种方法都是军事化的，除非符合特定条件，不然两种方法都不适宜。以使用的频繁程度来看，第三种方法最重要，那就是“拖垮”敌人。这种表达法不仅仅是说说而已，它准确地描述了其中的过程，并不像乍一看时给人那种比喻的印象。在冲突中拖垮敌人就是用持久战全面地、逐步地消耗敌人的物质和精神抵抗。

如果要打持久战，我们必须满足于最小目标的实现，因为大目标显然需要更大的努力。最小目标是纯粹的自卫，也就是不带积极目的的战斗。采取这种策略，我们的相对力量会达到高峰值，获得有利结局的机会最大。但消极到何等程度才合适呢？显然不会到绝对被动的地步，因为纯粹耗着就不是打仗了。抵抗也是军事行动的一种形式，意欲摧毁敌人的力量，迫使敌人放弃他的企图。每一个抵抗行为都只针对该目标，这就使我们的策略表现出消极性。

毫无疑问，单个获胜的军事行动对积极目标比对消极目标更有好处，但这就是区别：消极目标更有可能成功，把握性更大。它的好处不见得立刻见效，但时间一长就能显露出来，也就是靠延长战争来发挥效用。因此，纯粹抵抗的核心——消极目标也是与敌人比耐力、拖垮敌人的自然方案。

这就引出了支配整个战争的一个区别——进攻战和防御战的差别。我们在这里不想作进一步探讨，而只想说明：所有有利因素，所有作战的有效形式都产生于消极目的，成功的大小与可能性之间的动态关系也在消极目的中得以体现。以后我们会谈到。

如果消极目标——也就是为纯粹的抵抗使用所有的手段——在战争中有利可图，这点好处只需足够抵消敌人拥有的优势就行：最终敌人的政治目的即使达到了，也抵不上所付出的代价，他不得不放弃他的政策。显然，这种拖垮敌人的方法在许多以弱抗强的战例中得以使用。

腓特烈大帝[1]如果不是如此，就根本不可能在七年战争中击败奥地利。假如他照卡尔十二世[2]的打法，早就是一败涂地，长久不得翻身。但在七年中，他养精蓄锐，最后让反普同盟相信必

1 腓特烈大帝（Frederick，1712—1786），普鲁士国王。——编注

2 卡尔十二世（Charles XII，1682—1718），瑞典国王，在波尔塔瓦战役中败给俄国。——编注

须付出比预见的更多的努力，和平终于到来。

我们可以看到许多道路通向胜利，这些道路并不都包括彻底击败对手。它们可以是摧毁敌人军队，占领敌人领土，也可以是短暂的征服或侵略，或出台带直接政治目的的方案，最后也可以是被动地等候敌人的进攻。这些方法中的任何一种都可以用来征服敌人的意志：选择哪一种可视情形而定。还有一种行动，也就是实现目标的捷径，需要在此提一下：我们可以称为个人因素。人类活动领域有哪一处个人关系是不重要的？哪一处个人关系没有迸发出超越现实考虑的火花？政治家和军人的个性是如此重要，在战争中尤其不可低估。提出这一点就够了：想进行系统分类是学究气的做法，但我们可以说，个性和个人关系把可能实现政治目标的途径增加到无限的地步。

把这些捷径看成不多见的例外，或无视它们对战争行为所施加的影响，都是低估了它们的作用。为了避免这个错误，我们只需要牢记导致战争的政治利益可以有多少不同，或者思索片刻：一面是歼灭战、为政治生存而战，一面是迫于政治压力不得已宣告的战争，或迫于盟国压力而宣告的、已不反映国家真正利益的战争，它们之间可以存在多大的鸿沟。在这两个极端之间有程度不等的战争。如果我们在理论依据上否定其中一种，我们有可能否定全部的战争，与现实世界脱节。

战争追求的目的已讲述得够多的了，我们现在来谈谈战争手段。

手段只有一种：争斗。争斗不管采取多少形式，不管如何远离现实冲突中仇恨和敌意的血腥发泄，不管牵涉到多少并未加入战斗的军队，战争这个概念所固有的一点就是一切事件皆缘于争斗。

不难证明现实不管呈现多少不同的面貌，情况总是如此。

战争中所发生的一切都来源于军队的存在，而每当要使用到军队——也就是武装的个人时，争斗这个概念就存在。

战争包括所有同军事力量有关的东西——所有与军队建设、维护和使用有关的东西。

建设和维护显然只是手段，使用军队才是目的。

争斗不是个人之间的争斗，是由许多部分组成的一个整体。在这个整体中两个要素很突出，一个由主体来决定，另一个由目标来决定。军队里大量的参战者无休止地形成新的部分，组合成较大的单位结构。每一部分的战斗经历或多或少构成一个定义明确的要素。另外，争斗本身按其目标就已成为战争性质的一部分。

在争斗过程中越来越明晰化的要素都可以称为战斗。

如果争斗概念是每次用兵的基础，那么用兵计划仅仅是一系列战斗的组织和规划。

因此，整个军事事务都必须直接或间接地与战斗有关。士兵的招募、着装、配备武器、受训，以至于他的吃喝拉撒睡、他的行军，仅仅是为了在合适的时间和地点进行战斗，可谓养兵千日，用兵一时。

如果所有军事活动的线索都指向战斗，那么，如果我们把战斗置于掌控之中，其他所有的问题就迎刃而解。军事活动的效果产生于我们的命令和对这些命令的执行，决不会直接产生于别的条件。既然在战斗中所有一切都集中在摧毁敌人，或不如说摧毁敌人的军队（这是其概念中固有之义），所以说摧毁敌人军队始终就是战斗为达到目的所采取的手段。

上述目的也可能就是摧毁敌人的军事力量，但也可能不是，也可能有完全不同的目标。正如我们指出的，摧毁敌人不是达到政治目的的唯一手段，发动战争还会有其他目标。这些其他目标也可以成为特定军事行动的目的，因此也是战斗的目的。

即使用小型战斗直接针对的是摧毁敌方军队，这种摧毁行动也不一定就是我方首要动机。

想想一个部队的复杂建制，想想决定使用该部队的种种因素，我们可以看到这支部队的战事也受复杂的组建、分工和合并所支配。可能并且必然地，分配给单个军事单位的有些任务就其本身而言，并非摧毁敌人的军队，虽然它们确能加大敌人的损失，却是以一种非直接的方式。如果一个营奉命把敌人从山上或桥上赶走，诸如此类，通常真正的目的是占领这一地点。消灭敌人只是为达到目的而采取的手段，是次要问题。如果靠佯动就能把敌人吓跑，目的就算达到了；但通常只有给敌人重创，这座山或这座桥才会落入进攻者手中；如果一个战场是这样，那么在战区就更是如此。在战区就不仅仅是两军对垒，而是两个政体、两个民族、两个国家对峙。出现各种情形的可能性大大增加，因而选择面也大大增加。军队部署也会呈多样化，各级军官的不同层次的目标也把最初手段同最终目的分离开来。

战斗的目的为什么不是消灭敌人，不是消灭直接与我们遭遇上的敌人，这存在许多原因。消灭可能仅仅是其他目的的一种手段。在这种情况下，全部消灭已没有意义；战斗只是力量的考验，本身已不具备价值，其意义在于考验的结果。

在两方力量悬殊的情况下，只要对力量强弱进行一下评估就行了。不会有战事发生，弱方会立即让步。

战斗并不总是旨在消灭敌方的武装力量，战斗的目标常常无需通过交战而是通过对局势的判断估计就可以实现，这就解释了为什么有时战斗在战役中无足轻重，但整个战役却被指挥得有声有色。

战争史上有数百例子可以证明这一点。在这里我们只想指出这是可能的；我们不必问避开战斗洗礼在多少时候是适当的，或是与整体目标保持一致的，或此类战役的声誉是否都经得起批评审查。

战争中只有一种手段：争斗。但争斗形式呈多样化，目标也是多样化，必然把我们引向同等多样化的方向，我们的分析也因此而看不见成效。但实际上并非如此：只有一种手段这个事实，有如一股线贯穿在军事活动这整张网里，将其串连在一起。

我们已经指出摧毁敌人军队是战争中追求的许多目标之一，但没有谈到它与其他目的相比较时重要性有多大。在任何特定情况下，答案是随情形而定。对整体战争来说，其重要性需要进行界定。我们现在就研究一下这个问题，来看看歼灭目标究竟有多大价值。

争斗是战争唯一有效的活动，其目的是为进一步的目标来使用摧毁敌人军队这一手段。即使没有发生实际战事，这一条也是有效的，因为其结果产生于这样的设想：一旦发生战斗，敌人势必遭到摧毁。消灭敌人的有生力量就是一切军事行动的基础，最终是所有计划的基础，就像拱门必须建在拱座上一样。因此，一切军事行动都基于这样一种信念，如果最终真要经历武装考验，其结果必须对我方有利。武装斗争在大大小小的军事行动中就像商业中的现金支付。无论双方的关系有多复杂，无论达成协议有多么的不可能，该付的钱总是要付的。

如果战斗是所有计划和行动的基础，敌人就能通过一场胜仗挫败这一切。敌人不仅可以通过一次能影响到我们计划之根本的战斗做到这点，而且也可以通过一场有足够规模的胜利做到这点。因为任何重大胜利（就是摧毁敌对武装力量）都会影响所有其他的可能性，就如液体会在新的水平高度滞留一样。

显然，消灭敌人军队始终是较好的、更有效的手段，其他手段无法与之相提并论。

当然，只有在假设其他条件均等的情况下，我们才能说消灭敌人是更有效的手段。但从这个论点得出鲁莽轻率总能胜过谋略和谨慎，那就大错特错。盲目进攻是对进攻而不是对防御的一种毁灭，这不是我们要谈的。较大的战果往往跟目的有关，而不是跟手段有关，我们只是把不同战果的影响力作个比较而已。

我们谈到摧毁敌人力量时，必须强调一下我们没有义务把这一概念局限在物质力量上，精神因素也应该考虑在内。两者自始至终相互作用，不可分离。我们刚刚说过巨大的破坏性行为——一场大胜仗——不可避免地会对所有其他行动都有影响，正是在这种时候，精神因素可以说最富有流动性，极其不稳定，容易扩散，影响所有其他事务。消灭敌人所要付出的代价和要遭遇的危险抵消了这一手段相比于其他手段的优势。人们为了避免这些风险，才去采取其他手段。

消灭敌人的方法不可谓不昂贵，这是可以理解的。在其他条件相同的情况下，愈想摧毁敌人力量，我们付出的代价就愈大。

这个方法的危险性在于我们想取得的成功越大，一旦失败，遭到的反噬就越大。

因此，使用其他方法，胜的话代价不会那么昂贵；败的话，损失也不会太大。不过，这只有当双方都采取同一种方法，敌方和我方都采取同样路线才行得通。如果敌方想要通过一场大仗决一死战，敌方的决定就会迫使我方违背意愿做同样的事。于是，战斗的结果将是决定性的。显然，敌我双方一切条件都相同的情况下，我方整体将处在不利状况中，因为我方计划和资源有一部分是用于实现其他目标，而敌方却集中了一切人力、物力。

两种目标均不能兼容对方，处在互相排斥的状态：一种力量不能同时为两个目标服务。因此，如果一方指挥官执意要通过大规模战斗决出胜负，如果他能肯定对方另有其他打算，他就等于胜券在握。相反，如果一方指挥官确定他的对手也不想决一死战，他想采取其他手段就不失为明智之举。

这里谈到把计划和军事力量用在其他目标上而不是摧毁敌人力量，指的只是可以在战争中争取的积极目标。积极目标与纯粹的抵抗无关，后者是谋求消耗掉敌人的力量。纯粹的抵抗没有积极的打算，即我们使用军队只能挫败敌人的打算，而不能将其转移到其他目标上去。

这里，我们应该考虑一下与摧毁敌人力量相对的一面——保存我们自己的实力。这两种努力相辅相成、互相影响。它们是同一目的的不可或缺的一部分，我们只需考虑如果其中一种努力占了上风有什么后果。消灭敌人力量的努力有积极的目的，产生积极的结果，最终目标是让敌人土崩瓦解。保存自己实力有消极的目的，只是挫败敌人的企图——也就是相当于纯粹的抵抗，最终目标只是延长战争，直到敌人被拖垮为止。

具有积极目的的策略带来摧毁性行动，具有消极目的的策略则要求按兵观望。

这种观望态度究竟要保持到何等程度，究竟要维持多久，我们将把这个问题和进攻、防御理论结合起来研究，它涉及攻防理论的基本要素。在这里，我们要说的只是等待观望决不能成为被动的忍受，观望过程中的任何行动也可像其他目标一样以打击敌对势力为目标。以为消极目标就是追求不流血而不是消灭敌人，那是犯了基本错误。消极努力占主导地位时，人们当然可能选择这一做法，但总是冒着选择错误的风险，因为这不是由我们的条件而是由敌人的条件决定的。如果我们的主要考虑是保存实力，那么避免流血就不应该成为行动方针。这种方针政策如果不根据具体情况来运用，就会给我们的军队带来灭顶之灾。许多将军在这个错误的行动方针中栽了跟头。

消极策略占主导地位所造成的影响有一点很明确，那就是拖延决战的时间，换句话说，用等待决战时刻来替代应该采取的行动。这通常意味着推迟行动时间，在情况允许下可以留下回转的空间。如果说最后时刻终于到来，再等下去会越来越不利，那么，消极策略就丧失了任何好处。消灭敌人——这个迟迟未行动但并未被其他考虑所取代的目标，就将重新粉墨登场。

我们的探索表明虽然在战争中有许多实现目标、达到政治目的的途径，战斗是唯一可能的手段。一切事务都受制于最高法则，即武力对决。如果敌方要求战斗，我们就无法不应战。偏爱其他战略的指挥官首先得肯定他的对手不会诉诸最高裁判——武力，或如果对手真这样做的话，自己定会输了这场官司。总之，在战争所有可行的目标中，摧毁敌人武装力量总是最高目标。

随后我们会逐渐地看到其他类型的战略在战争中的作用。此刻我们只要承认这些战略是普遍存在的，承认迫于特殊情况的压力，有可能偏离战争的基本概念。但即使在这一点上，我们也得强调暴力解决危机、歼灭敌人力量的愿望是战争的头生子。如果政治目标不大、动机不强，局势不够紧张，谨慎的将军有可能寻求避免大规模危机和决战的途径，挖掘对手军事、政治上的战略弱点并加以利用，最后争取和平解决。如果他的推测无误，确保能成功，我们无可厚非。但他要时时牢记他在朝歧路上进发，战神会对他突然袭击。他应该对敌方丝毫不放松警惕，免得敌方抽出利刃接近他时，他手里只有装饰用的钝剑。

我们对战争的性质、战争的目的和手段所起的作用进行了总结性的阐述；实际战争程度不等地背离战争严格的基本概念，呈现出不同面貌，但始终服从这个基本概念、这个最高法则。这些结论我们在以下分析中必须牢记在心，这样我们才能认识战争各个方面之间的真正联系，每个方面的真正意义；这样我们才能避免经常与现实脱节，甚至与我们自己的论点相冲突。

第三章　军事天才

任何复杂的人类活动，只要必须用精湛的技巧去完成，都要求有合适的智力天分和禀赋。如果这种天赋出类拔萃、成绩斐然，拥有它的人就可以称为“天才”。

我们知道这个词有多层意思，在程度和种类上都不尽相同；我们也知道有些意思让人难以界定真正的天才是什么。但因为我们无需达到哲学或语法上的精确度，我们可以使用这个词的一般意思，也就是“天才”指在某个行业上具有高度发达的智力倾向。

让我们探讨一下这种天赋、这种卓越的智力倾向，详细地阐明一下，以便更好地理解这个概念。可是，我们不能限制在对严格意义上的、作为天资最高级的天才概念进行探讨，因为天才的要领没有可以衡量的界线。我们必须做的是研究那些能共同对军事活动发挥作用的智力天分和禀赋。这些天赋集中起来看，就构成了军事天才的精华。我们说集中起来，因为军事天才的精华恰恰不只是某一种合适的天赋——比如勇气，而其他智力特征或禀赋要么没有，要么不适合用于战争。天才是各种元素的和谐结合，其中这种或那种禀赋和特长会显得突出一些，但都与其他元素不相矛盾。

如果每一个士兵都需要某种程度的军事天才，我们的军队就会出现严重的兵源不足。因为军事天才指的是某种特殊智力和精神倾向，当社会需要将其才能用到其他各种领域时，这种天才就可能很少出现在军队里。一个国家的活动范围越小，一个国家越军事化，这种军事天才的出现率就越高。然而，这只是就分布状况而言，不是就质量而言。后者取决于一个特定国家的普遍智力发展状况。在任何原始、好战的种族，勇士精神比文明民族中要普及得多。几乎每个战士都拥有这种精神。但在文明社会里，只有形势危急时才会激起全民的勇士精神，因为文明人缺乏这种与生俱来的倾向。但是，我们根本找不到一个野蛮人可以充当真正伟大的指挥官，很难找到一个野蛮人可以称作军事天才，因为这需要原始人培养不出来的高级智能。文明社会或多或少也能拥有一种勇士性格，如果他们刻意培养这种性格，他们的军队中就会有越来越多的人拥有这种精神。拥有多少军事天才与文明程度有多高又是成正比的。正如罗马人和法国人所展示的那样，越发达的社会就产出越有才华的军人。从罗马人、法国人和任何在战争中遐迩闻名的民族那里，我们看到的是，不达到高度文明程度，伟大的人物是不会出现在历史舞台上的。

我们已经了解到智能在较高形式的军事天才中起到多么重要的作用，现在让我们就这个问题进行更深入的探讨。

战争是危险领域，因此，勇气是军人的第一要素。

勇气分两种：面临个人安危时的勇气和承担职责时的勇气，这种责任感不是来自外部压力，就是来自自己的良心。这里只探讨第一种勇气。

面临个人安危时的勇气也分两种。一种是对危险无动于衷，这是缘于个人本性如此，或置生死于度外，或出于习惯。不管怎么说，这应该可看作一种长期状态。另外，勇气可来自雄心、爱国主义精神、各种热情等正面积极的动机。在这种情况下的勇气就是一种感觉、一种情绪而不是常态。

这两种勇气以不同方式起着作用。第一种已成为第二天性，更可靠一些，永远不会丧失；第二种造成的效果更好。第一种更可靠，第二种更让人勇往直前；第一种可以让人头脑冷静，第二种则更能鼓舞人心，但也会导致轻率盲目。至臻勇气是两种类型的结合。

战争是消耗物质和体力、制造痛苦的领域，除非我们视死如归，不然的话，我们就会遭到毁灭。正因为如此，不论是天生拥有，还是从后天训练中得来，我们都必须具备身体和精神上的力量。如果我们具备了这些素质，哪怕只是靠常理来指导这些素质，我们也算是为战争准备到位了。这些素质通常正是野蛮民族和半开化民族所拥有的。

如果研究一下战争对参与者的要求，我们就等于来到智能一统天下的领域。战争带有太多的不确定性，采取军事行动的理由往往四分之三都隐藏在带有或多或少不确定性的浓雾中。这里需要的是敏锐的判断力，娴熟的、能嗅出真相的智能。

普通智力偶尔可能识得真相，卓尔不群的勇气也有可能弥补过失，但平庸的战绩往往会暴露出智力不足。

战争是运气的领域。人类其他活动领域都不及战争领域这么依赖运气，其他领域都不可能遭到运气这个入侵者如此不依不饶、反复无常的骚扰。运气使一切变得变幻莫测，干预一切事务的进程。

由于一切情况和推测都无法确定，又有运气在到处作祟，指挥官不停地发现事情难以预料，这必然会影响他的计划或至少影响到支持那些计划的设想。如果影响力大到足以让他改动计划，他通常应该做出新的计划，但这些新的计划不能立刻得到必要的情报支持。在作战过程中，通常需要立刻做出决定，没有时间重估局势,甚至来不及仔细思考。当然,新情报和对局势的重新评估通常不足以让我们放弃既定的打算,只是让我们产生疑虑。我们现在了解得更多,但更难以定夺,而不是下定决心。新消息不会一股脑地马上传过来,它们往往点点滴滴地汇聚过来,不停地冲击着我们的决定,所以说,我们的头脑必须始终全副武装,才能用来去处理这些新消息。

我们的头脑在这前途未卜的无情挣扎中要想不受伤害,就得具备两种不可缺少的品质:一是即使在最黑暗的时刻也拥有一种智力,能够运用内在的微光照亮通往真理的道路;二是拥有勇气义无反顾地顺着这缕微光走下去。第一种品质就是法语中的coup d'oeil(慧眼),第二种就是果敢。

战争中最能吸引人们眼球的就是战斗。战斗的重要组成部分就是时间和空间,这在用骑兵进攻的时代尤为重要。骑兵战要求速战速决,这首先就得对时间和空间有正确的评估,因而得到了一个只与目测力有关的名称。许多战争理论学家在使用这个名称时都采用它的狭义。但很快军事行动中的任何正确决定都用这个词来表达,比如识别出正确的攻击点,等等。于是,慧眼不仅仅指目测,而是普遍用来指洞察力。该词和它的内在含义一样,多用于战术领域,但在战略领域也应该有其一席之地,因为在战略上也常常需要当机立断。剥去比喻的意义和加诸于这个词的狭义,这个概念指的是迅速识别真理,那是一般智力做不到的,或只有通过长期的研究和思考才能做到的。

当机立断如果成为性格特征,成为一种精神习性,是有勇气的表现。在这里,我们指的不是身体上的胆量,而是敢于承担责任的勇气,在精神危机面前所表现出来的一种勇气。这常被称为精神勇气,因为这是来源于心智的勇气。然而,这不是智力行为,而是性情使然。智力本身并不等于勇气,我们常看到大多数聪明人都优柔寡断，因为在突发事件中，一个人往往受到感情而不是思想的控制，智力需要唤起临危不惧、在行动中坚持不懈的勇气。

从这方面看，当机立断的作用是在动机不够强时能限制疑虑带来的痛苦和犹豫带来的危险。当然，按照较通俗的说法，当机立断也是一种敢于冒险、争强好胜、敢作敢为或鲁莽冒失的习性。但当一个人有充足的采取行动的理由——无论是主观的还是客观的，对的还是错误的，他就不能被称为"果断"，这等于是站在他的位置，用他从未感受到的疑虑来称重。在这种情况下，就只是力量强弱的问题。我不会迂腐到就通常用法方面稍有不当而争论不休，说这些话的唯一目的就是为预防误解。

消除疑虑的当机立断是一种只能依靠智力激活的品质，而且要靠一种特殊的智力。当机立断所要求的素质比高级洞察力与恰当情感相结合要高得多。有些人会有处理疑难问题的敏锐头脑，有承担重大责任的勇气，但当面临困境时，他们仍感到无法做出决定。他们的勇气和智力各自为政，而不是融为一体，因此就无法当机立断。当机立断只能产生于心智活动，心智告知人们需要冒险精神，从而指挥他们的意志。这种特殊的智力排斥摇摆不定、犹豫不决，压制所有其他的恐惧，成为使强者能够当机立断的力量。因此，智力平庸的人不可能拥有如我们所言的当机立断，他们也许能在危机时刻毫不犹豫，但如果他们真这样做了，那只是不假思索的行为，一个不假思索的人当然不会受怀疑的折磨。这种类型的行为时而可能会取得成功，但正如我上述所言，只有平均的结果才能昭示军事天才的存在。有些读者对那些当机立断而不惯于深思的骑兵军官有些了解，肯定会对我的说法感到吃惊，但他们应该记住我们谈的是特殊智能，而不是出色的冥想能力。

总之，我们相信当机立断来自特殊智力形式，来自强者，而不是聪明出众的人。我们有更多的事例来证明这种解释。比如许多低级军官有非凡果断的能力，但是随着身份级别上升，他们就逐渐失去了这种能力。他们知道要当断则断，但同时也意识到错误决定带来的风险，因为他们不熟悉此时此刻所面临的问题，头脑就丧失了原来的敏锐性。他们以前越习惯于快速行动现在就越畏缩不前，因为他们意识到令人陷入犹疑泥沼的那些危险。

讨论过慧眼和当机立断之后，我们很自然要谈到相关话题：机智。机智在战争这个风云突变的领域起着重要作用，我们欣赏机智，它可以是一种恰如其分的机敏应答，也可以是一种面对危险时的快速反应能力。两者都不一定非要出类拔萃不可，只要能够恰当地应付局面就行。经过长时间的深思熟虑再作出反应稀松平常得很，但作为快速反应却能给人带来欣喜。"机智"这个词准确地表达了智力提供的快速而及时雨似的帮助。

这种杰出的品质是缘于特殊智力倾向，还是缘于处事不惊的稳定情绪，要取决于事件的性质，但两者缺一不可。机敏应答显示智慧，在突发危险面前随机应变则需要稳定的情绪。

战争气候由四个要素组成：危险、巨大消耗、不确定性和机遇。如果对它们进行通盘考虑，显然，要想在困难重重中取得安全而成功的进展，我们需要高级智力和坚韧的性格。记者和战争历史学家依情形不同而使用干劲、坚定、坚强、情绪稳定、性格力量这些措辞，这些都是英雄本色的产物，几乎都能归于一种相同的力量——意志力，适应情势而变化。不过，它们虽然密切相关，但也不尽相同，有必要对这些相互作用的精神力量进行深入探讨。

首先，要记住这点才能思路清晰：给军人带来精神压力的重担、负担、阻力——不管你怎么称呼，只有其中的一小部分是直接来自敌人的活动、抵抗或军事行动。敌方活动的压力首先涉及军人的个人安危问题，而不影响到他作为指挥官的能力。比如敌人抵抗了四小时之久，而不是两小时，指挥官所面临危险的时间就变成两倍长，但军阶越高，这个因素的重要性就越小。到了总指挥官那里，它的意义已经不存在了。

敌人的抵抗直接影响指挥官的第二种方式，是顽强的抵抗造成的损失和这种损失对他的责任感产生的影响。深深的焦虑感冲击着并考验着他的意志力。然而，我们相信这决不是他必须承受的最大的负担，因为他只要能把握住自己就行。问题是，来自敌人行动的其他冲击力都落在他的部下身上，会通过他们重新作用到他身上。

一个军事单位只要带着高涨的士气和热忱快乐地作战，就无需发挥巨大的意志力；一旦出现困难局面（这是危机时刻必然出现的），事情就不可能像上了润滑油的机器那么顺利运行。机器本身开始推三阻四，指挥官需要巨大的意志力来克服这种阻力。机器的阻力不一定就是不服从命令和争吵，尽管这在军人当中是常事。精神和物质力量的枯竭、死伤一片的痛心惨状，这些都会产生巨大的影响，形成阻力。指挥官首先必须自己能经受得住，然后还要支撑那些把自己的思想、情感、希望、恐惧直接或间接地托付给指挥官的部下。当每个人的力量衰竭，不再服从本人的意志时，就得靠指挥官一人的意志撑住整个逐渐形成的颓势。他要用自己的激情在其他人心中点燃信念之火，他要用自己心中之火复苏他人的希望。只有做到这种地步才能牢牢控制他的部队，继续指挥作战。一旦失去这种控制，一旦他自己的勇气不再能复苏他人的勇气，他的部下就会把他拖进逃避危险、不知羞耻的残暴世界。指挥官如果想取得凯旋般的胜利，他的勇气和意志力就必须克服这些来自战斗的压力。这些压力随着他指挥的人数增加而变大，所以，他的级别越高，就需要越大的意志力来承受不断增长的重负。

干劲的大小随着动机的强弱而变化，不管这动机是来自理智的信念，还是来自感情的冲动。然而没有情感因素在起作用，是不会产生巨大的力量的。

我们得承认，在激发人们去作战的所有激情中，没有一种激情比为荣誉而战更强大、更持久。在德语中，为荣誉而战很不公正地与两个低级趣味的词联系在一起——"贪功"（Ehrgeiz）和"贪图名誉"（Ruhmsucht），因而玷污了为荣誉而战的高尚性。这种高尚情操的妄用对人类犯下过滔天罪行。但追溯其根源，这种情操可列为人性中最高贵的品质之一。在战争中，如果军队死气沉沉，这种情操就像最重要的生命气息一样可以去激起军队的活力。其他情操也许更普遍、更被人敬重——爱国主义、理想主义、复仇精神、各种热情，但它们无法替代对名誉和荣誉的渴求。它们也许能激起军队行动起来，但不能赋予指挥官想要做得比其他人更好的雄心。而他想要赫赫有名，就必须与众不同、出类拔萃。它们也不能像雄心那样，让指挥官对战斗的每个细节都怀有私人的、几乎是专有式的兴趣，而只有这种兴趣能让他抓住机会，无所不用其极——努力耕耘，小心播种，以期丰收。主要就是各级指挥官的这种拼搏精神，这种创意精神、干劲、竞争热情赋予了军队鲜活的生命力，使其走向胜利。就总指挥官而言，我们可以问问，历史上有没有过缺乏雄心的伟大将军，这样的人是否可以想象。

坚强指的是意志对一次猛烈打击的抵抗，顽强则是指对持续打击的抵抗。

虽然两个词的意思看似相近，常常可以互换使用，但两个词存在着重大意义上的不同，这是无庸置疑的。在一次猛烈打击中所表现出来的坚强可能来自强烈的情感，但智慧延长了顽强的抵抗精神。军事行动持续时间愈长，抵抗就愈从容不迫，这就是顽强的力量源泉之一。

我们现在回到精神力量或性格力量，先问问这些词究竟是什么意思。

显然，这些词不代表情绪大发作或激烈急躁的性情，这些解释扭曲了词意。我们指的是在高度紧张和感情强烈的时刻保持冷静。难道只有智力能培养出这种能力？我们怀疑。当然，也不能得出相反的结论，虽然有事实表明某些具有杰出智力的人的确会丧失自控力。我们认为强有力的智力胜于丰富多样的智力。但最接近事实的还是这样一种说法——自控力，也就是在高度紧张的情况下保持冷静的能力，是根植于性情之中。自控力本身就是一种情感，用来在强者心里保持激情不出现偏差，但又不毁灭这些激情，只有这种稳定状态才能保证智力的控制地位。我们所说的保持稳定的砝码只是人的尊严感，最高尚的自豪感和最深层的需要：一如既往地采取理性行动的需要。因此，我们认为强者是那种不会被激烈情感所撼动的人。

如果想想人在情感反应上有多大的不同，我们就会先找出一批不轻易动情的人，通常被称为“感情冷淡”或“感情迟钝”的人。

第二批人非常的活跃，但不过分冲动，我们知道这种人敏感而冷静。

第三批人的激情很容易点燃，兴奋感来得快也去得快，就像火药似的。最后一批人不会对小事做出反应，只会逐步地而不是突然地被感动，但这种人的感情深厚强大、经久不衰。虽然强烈深厚,但含而不露。

这些气质情感的不同可能与人体内起作用的生理力量有关,并且来源于神经系统这个具有两重性的组织。这个系统的一面是生理的,另一面是心理的。我们的科学知识少得可怜,我们没有义务去到那个晦涩难解的领域探幽窥秘,重要的是注意到这些心理特征不同的人影响军事活动的方式,找出在他们当中探索强悍性格的途径。

感情冷漠迟钝的人不会轻易失态,但完全没有热情也不能称为坚强。不能否认,这种人的沉着冷静让他们在战争中占有小小的一席之地。他们动机不强,缺乏主动性,因此也不特别活跃,但他们很少犯严重错误。

第二批人的突出特点是,小事能突然把他们发动起来,在大事面前他们却不知所措。这类人很乐意帮助遭遇困难的个人,但整个民族的不幸只会使他们悲伤痛苦,不会激发他们采取任何行动。

在战争中这类人不缺乏干劲或稳定性,但他们如果没有能提供所需刺激的强大智力,就不可能取得重大成就。不过,这类气质很少能与强大独立的智力相结合。

容易激动的情感通常在现实生活中无多大用处,在战争中更无价值。这种人的冲动很强烈,但持续时间短。如果这种人的干劲能与勇气和雄心结合在一起,让他们做低级指挥官倒是十分有用,这只是因为低级军官指挥的行动持续时间不长。经常一个勇敢的决定、一场激情的爆发就够了。一次勇猛冲锋只需几分钟时间,而一场艰苦激烈的战斗则需要一天时间,一次战役可能持续一整年。

变化无常的感情使他们更难保持稳定性,他们常常仓皇失措,在战场上没有比这更糟糕的了。不过,说容易激动的人不是强者，在高度紧张中难以保持情绪稳定，也不尽然。既然这类人通常具有较高贵的品质，他们为什么就不应该有自己的自尊心呢？事实上他们常有自尊心，只是没有时间发挥其作用而已。危机一结束，他们就为自己的行为感到羞愧。不过，要是训练、自觉、经历迟早会教会他们对自己的情感收发自如，这样的话，在伟大的激动人心的时刻，镇静就会从心底里油然而生，因此，他们也能发挥出强大的性格力量。

最后，我们来谈谈情感强烈但不轻易受感动的人——这种人相比于前面那种人，就像灼热相比于一蓬火花。这类人能唤起巨大的力量，用来解除战争中阻碍行动的巨大负担。他们的情感像大部队一样移动——缓慢而势不可挡。

这批人不常像前批人那样被情感所困扰。但经验显示他们也有可能感情失衡，被盲目的激情所操纵。往往是在他们对自控力缺乏高尚自豪感的时候才会出现这种情况，或者在自控力不够的情况下也有可能。我们大多在原始社会的伟人身上能发现这种情况，因为在原始社会里智力训练的缺乏，只能靠激情来弥补。然而，甚至在受教育的人当中，在文明社会里，人们也常被激情拖来拽去，就像在中世纪，偷猎者被拴在牡鹿身上，任由牡鹿把他们拖进森林。

我们再重复一遍：性格力量（坚强）不只在于有强烈的感情，而在于从强烈的感情中取得平衡。即使在狂暴的情感中，判断能力和纪律仍应该像船上的罗盘那样发挥作用，无论惊涛骇浪，仍在记录着最细小的变化。

如果一个人坚持他的信念，不管这信念来自他自己还是来自他人的观点，不管这些信念代表的是原则、态度、顿悟或任何其他精神力量，我们说这个人有性格力量，或就是有性格。当然，如果一个人不停地改变主意，是看不出有这种坚定性的。这主意不定的表现不一定是外部影响的结果，而可能是他本人智力活动的结果，但这也暗示了一种特别不自信的智力。显然，一个不断改变主意的人，即使这些变化来自他思考的结果，这个人也不能称为“有性格”的人。这种称呼只适用于观点稳定不变的人。而稳定可能是因为这些观点已经过深思熟虑，条理清楚，无需再作修改；或像惰于思考的人，没有思考的习惯，因此没有理由改变自己的观点；最后，因为一个十分肯定的决定是建立在思考得来的基本原则之上，对观点的改变相对具有免疫功能。

纷至沓来的生动印象、情报和观点带来的疑虑，使得人类活动中没有哪一种像战争那样剥夺了人的自信心和对他人的信心，让人偏离既定的行动方针。

在可怕的痛苦和危险面前，感情很容易压倒理智，在这个精神迷雾中，很难形成清晰而全面的见解，改变主意成为可以理解、可以原谅的事。行动只能凭本能，一种对真理的感觉。因此，战争中的意见分歧比任何其他地方都尖锐，新观点不停地猛烈冲击一个人的信念。任何镇静的态度都不能提供足够的保护，新的印象太过强烈、太过生动，不断困扰人的情感和理智。

只有那些产生于深刻明察的普遍原则和态度可以综合指导行动。有关具体问题的见解只有扎根于这些原则和态度中才行。困难在于如何在事件和新观点的旋涡中坚守这些思想的产物。常常在基本原则和实际事务中存有很大的距离，难以靠一系列的逻辑推论来跨越。于是，我们需要适度的自信心，某种程度的怀疑也是有益无害的。往往需要一个必要的原则，它不是直接思维过程的一部分，而是支配思维过程的。这个原则就是在一切产生怀疑的情形中坚守自己最初的看法，决不轻言改变，除非一个明确的信念迫使人们放弃它。对于经历过考验的原则，必须对其压倒一切的真实性怀有强烈的信念，而对于生动鲜明的瞬间印象，我们不应忘记它们所包含的真理只是过眼烟云的东西。在充满疑虑的关头，优先考虑我们的早期信念，坚守这些信念，我们的行动就具备了可称为性格坚强的稳定性和一贯性。

显然，性格坚强在很大程度上依靠稳定的性情，大多数具有情感力量和情感稳定的人因而也是性格坚强的人。

性格坚强容易蜕变成顽固。在具体情况里，这条界线很难划分，但在理论中当然很容易界定。

顽固不是智力缺陷，它来自不愿承认自己错了。把顽固归结于智力是毫无道理的，因为智力是判断力的基础。顽固是性情方面的缺陷。顽固和对相反意见的不宽容来自一种特殊的自负，这种自负把自动生成的智力所带来的愉悦提到高于一切的地步，并要求其他人对其表示敬意。这也可以叫作虚荣，不比虚荣好多少，虚荣只满足于面子上的风光，顽固则要求实际的认可。

因此，我们认为只要一个人在反对其他观点时不是从更高级的洞察力或从更高原则的角度去反对，而是本能地反对，那么，性格坚强就会蜕变成顽固。不得不承认这个定义没有多少实用价值，但能帮助我们避免把顽固解释为坚强性格的更极端形式。顽固和性格坚强有根本区别，它们密切相关，但一个决不是另一个的更高级形式。我们甚至可能发现极其顽固的人愚钝笨拙，性格中已没有多少坚强成分。

到目前为止，我们研究了指挥官在战争中所需要的一些属性，都与智力和性情共同起作用而形成的品质有关。现在我们应该致力于对一个军事活动的特点进行研究——虽然不是最重要的，但可能是最引人注目的。它与性情无关，只与智力有关。我指的是战争与地形地势之间的关系。

首先，这种关系是长期的因素——我们完全不能设想一支正规军不是在一定的空间里作战。其次，这种关系的重要性是起决定作用的，因为它影响所有部队的作战，有时还完全改变它们的作战。再者，从最细微的地貌特征都能受到这种关系的影响，但它也能支配广阔的范围。

战争与地形之间的关系就以这些方式决定军事活动的特殊性。如果我们想想其他与土地有关的行业——比如园艺业、农业、建筑业、水利工程、矿业、狩猎或林业，这些行业活动都在受限制的空间里进行，人们很快就能掌握有关该空间的必要知识。但指挥官得听从他的伙伴也就是空间的安排，对这块地方他根本无法面面俱到地侦察，因为部队会不断移动和变化，他也无法真正了解熟悉。当然，敌人也好不到哪里去。不过，虽然双方都被困难弄得碍手碍脚，但困难不会因为双方都有而减少。有足够才华和经验克服这些困难的人占有真正优势。再说，只是在一般情况下困难对双方来说才都是一样的，在特殊情况下，防御者往往比对手更了解地形地势。

这个问题是独一无二的，需要一种特殊天赋才能掌握它，用方向感为之命名太狭隘了，这应该是一种快速准确掌握任何地区的地形，并使一个人可以在任何时候自由出入的能力。这显然是一种富有想象力的行为。一部分事物由肉眼看见，一部分则由智力察觉，这中间的距离由建立在学识和经验上的猜测来填补，因而能透过肉眼看见的片断来勾勒出整体。但如果要把整体栩栩如生地呈现在脑海里，像一幅画、一张地图那样纤毫毕现地刻在脑子里，要做到这点只能是拥有我们称为想象力的智力天赋才行。诗人或画家发现他们的缪斯还掌管着军事活动一定会大为震惊。在他们看来，说年轻的猎场看守人需要非同寻常的想象力才能胜任这份工作，真是太奇怪了。如果真是如此，我们愿意承认这只是把该概念用于狭隘的范围，用于低级的工作。但不管关系有多远，他的技能仍然来自这个自然生成的天赋，因为没有想象力的话，很难把细节构建成一幅清晰而融会贯通的画面。我们也承认好记性对人帮助很大。但记忆力究竟是单独的智力天赋，还是想象力使得记忆中的画面更清晰？这个问题无从回答，尤其因为很难想象记忆力和想象力会各自为政、互不相干。

不可否认的是，实战经验和受过训练的头脑能产生这种禀赋。卢森堡元帅的著名军需总监皮塞居尔写道，在他的军事生涯的初期，他对自己的方向感没有信心，如果要他骑马走一段距离去取口令，他肯定会迷路。

这种能力的运用范围自然随着位高权重而增加。四处巡逻的轻骑兵或侦察部队应该在大路小径中轻易找到方向。他们只需要一些地标和适度的观察力和想象力即可。但一位总司令就必须对一个省或整个国家的布局有通盘认识，道路网、河流、山脉在他的脑海里能够生动地呈现出来，他始终对自己所处的环境有清晰的认识。当然，他可以从各种报告、地图、书、公文中获取综合情报，细节可以由手下的参谋来提供，然而，如果他的方向感快捷准确，他的部署就更迅速，而且更有保障，他不至于心中无数，也可以少依赖他人。

我们把这种能力归因于想象力，不过，这位轻浮的缪斯女神能为战争做的贡献也就这么一项，在大多数军事事务中，这位女神的破坏性大于建设性。

至此我们相信，对于人性在战争中所需要依靠的智力和精神力量，我们已经一一阐明。智力不可或缺的贡献已经是一目了然。难怪，战争虽然看上去不复杂，但除非由智力超群的人发起，不然是无法取得非凡成果的。

一旦采纳上述说法，我们就无需把包抄敌人阵地（一个采取过无数次的简单步骤）看成是高智商的表现，那些数不胜数的、类似的军事行动也跟高智力的运用扯不上关系。

的确，我们一般认为一名能干而简单的军人与善于思考的学者、与博学多才或善于发明的高智力人士正好相反。这种对照不无现实性，但单凭勇气是造就不出能干的军人的，一位合格的战斗人员也需要有头脑，会动脑筋。我们又一次必须强调，军官随着级别提高，取得超出他能力范围的位置之后，他的干劲就会衰退，这是再寻常不过的例子了。但我们还要提醒读者，我们所考虑的是那种让人声名远扬的卓越努力。在每一个指挥层次都有其智力衡量标准，都有各自争取名誉和荣誉的先决条件。

总指挥官——指挥全军或整个战区的司令与他手下的高级将领之间存在着巨大的鸿沟。原因很简单：比司令低的级别不得不接受更严密的控制和监督，因此能够独立思考的余地要小得多。人们因此认为高智力活动只有上层需要，对其他级别的工作来说，一般智力水平就已足够。一位担子较轻的将军，一位在军队里熬白了头的军官，长期的事务性工作会使他的头脑麻木，人们常常认为他会变得墨守成规。我们钦佩他的勇武，但他简单的头脑叫我们不禁莞尔。我们不打算拥护、提升这种好人，因为这样做不会提高他们的效率，也不会让他们高兴。我们只希望实事求是，让读者知道有勇无谋的战士在战争中是不可能有辉煌成就的。

因为在我们看来，要想取得辉煌成就，甚至较低的领导位置也需要非凡的智力，而且这种智力随着级别提高而提高，如果军队次一等的领导位置也要求由出色的人来担任，我们就必须识得这种能力。这些军官与博学家、精明强干的实业家、政治家相比较，也许显得头脑简单，但我们不该看低他们实用智慧的价值。当然，也会出现这样的事：有人在一个军阶上树立了自己的名气，得到提升后，把这名气带到了他的新位置上，其实在这个位置上他是名不副实的。如果工作负担不重，如果他能做到不暴露自己的无能，很难决定他到底该享受多大的名气。因为有了这种人，人们常常瞧不起那些较低位置上可能成绩斐然的军人。

如果要战果辉煌，每一个级别都需要发挥恰如其分的才华。但历史和后代子孙只把“天才”保留给在最高位置上的人——比如在总指挥官的位置上发挥出色的人，因为在这个位置对智力和精神力量的要求最高。

要想胜利结束一场战争、一次战役，必须对国家政治有着深刻全面的了解。在那个层次上，战略和政治合为一体，总指挥官又同时是政治家。

瑞典的卡尔十二不被人们视为伟大的天才，因为他有军事天才，却缺乏高远的见解和智慧，无法用他的军事天才做大事。我们也不认为法国的亨利四世有多伟大——他的战争技巧还未来得及影响国与国之间的关系，他就一命呜呼了。死亡夺去了他能在这个高级领域施展才华的机会；他的高尚情操、慷慨性情有效地平息了内乱，但在这个高级领域里要面对更难扳倒的对手。

总司令需要快速吸收、准确做出判断的大量事务已在第一章提到过。我们认为总指挥官必须也是政治家，但不能失去将军的才干。一方面，他对整个政治局势了如指掌；另一方面，他准确地知道利用他手头的办法能取得什么样的成果。

战争中的情形瞬息万变、模糊不清，有大量的因素需要鉴别——大多只能通过盖然性进行评估。负责审时度势的人必须具备在每一处都能感知真相的直觉，不然的话，观点和思想就会陷入混乱，造成致命的判断失误。就这个问题，波拿巴说得恰如其分，总司令面临的许多决定相当于要用牛顿和欧拉[1]的天赋才能解开的数学题。

这个相当于解数学题的任务在高级智力天赋方面要求一种整体感，一种能上升到了不起的真知灼见的判断力，能够轻易取舍上千个看似不可能的事物。一般智力水平的人对此只能望洋兴叹，如果真要去识别的话，那只会耗尽心血、筋疲力尽。然而，如果没有我们描述过的性格和性情，甚至就连最高级的占卜力、最杰出的慧眼也不具备历史价值。

真理本身不足以让人行动起来。从认知到愿意行动、从了解到能力之间要跨上一大步才行。最大的行动动机是人的情感。我们逐步认识到当机立断、坚定不移、坚贞不渝这些品质后面是智力与性情的完美结合，如果我们可以这样称呼的话。而这种结合就是人获取强劲支持的源泉。

自然，如果指挥官的高超智力和坚强性格没有在最后胜利中表现出来，只是其他人相信他有这些素质，这也不大可能取得具有历史意义的成果。

非军事人员对军事事态的发展难以了解透彻，事件看上去都大同小异，单从对事件的叙述中不可能知道面临的困难有多大，又是如何克服的。只是不时地会从将军或其密友的回忆录，或从对历史的仔细研究中找到若干线索，是那千头万绪的图景中的某些片段。大战前冒出的大部分观点和思想冲突不是因涉及政治利益而被刻意抹去，就是被人们忘记，仿如房子完工后，脚手架就必须拆掉一样。

最后，我们不想冒昧地对高级精神力量下个更精确的定义，就让我们声明人的智力（这个措辞的一般意义）是有差异的。

1　欧拉（Euler，1707—1783），瑞士数学家。——编注

如果要问哪一种智力倾向最有可能具有军事天才的素质，经验和观察会告诉我们，是喜欢探究的智力而不是富有创意的智力；是综合性的方法，而不是专门化的方法；是冷静的头脑，而不是神经质的头脑。我们在战争中往往选择这样的人，把我们的兄弟、孩子、国家的安全和荣誉托付给他们。

第四章　战争中的危险

对没有经历过危险的人来说，战争与其说令人惊骇，不如说颇有吸引力。你热血沸腾，在枪林弹雨、血肉横飞中杀向敌人；你盲目地冲向冷酷的死神，不知是你还是别人能逃脱他的魔掌。胜利的金牌近在眼前，满足雄心的果实伸手可得。难道真有那么难吗？没有，甚至看上去比实际困难要小得多。但这种时候是十分罕见的，甚至也不像一般人所想的那样，只是一拍心跳那么短暂，而是像吃药一样，反反复复吃几次，这其间由时间来冲淡药的味道。

我们来陪一位新手上战场吧。我们走近战场时，传来枪炮的轰响声，还夹杂着炮弹的呼啸声，这些都吸引了他的注意力。子弹开始在我们周围乱飞，我们冲上斜坡，那里驻扎着指挥官和他的大批参谋。炮弹和弹壳在这里肆虐，生命受到的威胁比这个年轻人想象的要严重得多。突然，你认识的人中弹了，接着，一颗炮弹落入参谋人群里。你注意到有的军官举动稍显怪异，而你自己也不像刚才那样镇定自若，就连最勇敢的人也会慌神。现在我们加入到激烈的战斗中，加入到最近的师级指挥官旗下，面前几乎仍然像是一场壮观的演出。那完全是一个枪林弹雨的场面，我方的枪炮声把喧嚣提高到震耳欲聋的地步。再往前来到旅长身边，这是一位以勇敢著称的军人，可就连他也得小心地以一块高地、一栋房子或一丛树林作掩护躲起来。传来的噪音显示危险在增加——霰弹落在屋顶和地上发出尖啸，炮弹从四面八方飕飕而过，滑膛枪弹开始在我们周围尖叫。我们再往前来到火线上，步兵已经以非凡的镇静忍受了数小时的猛烈打击。嘶嘶的子弹越过头顶时发出清脆的爆裂声，最后的震惊来自看见人们倒毙和受伤致残，让我们怦怦猛跳的心充满敬畏和怜悯。

新手在经历这种不断加码的危险时，一定会意识到思想是由别的因素所支配，这里折射的理性之光跟学术思考中的正常状态完全不是一回事。一个人如果以前从没有经历过战争的考验，在初次经历时仍能完整地保存他当机立断的能力，这人定是不同寻常。当然，等我们习惯了战争场面，印象很快会变得淡薄，半小时后，我们不再会注意周围的环境。然而，要普通人完全无视这一切，继续保持正常、敏锐、灵活的头脑，那是不可能的。在这里，我们又一次认识到普通人的素质远远不够，责任越大，这种认识就越真切。有些战绩如果放在学术研究中，也许没有什么非凡之处，但在令人虚弱的军事环境中取得这些战绩，人们就必须具备相当分量天生的勇往直前、百折不挠的勇气，豪情万丈的雄心和对危险的熟悉。

危险是战争阻力的一部分，对危险没有准确的概念，我们难以理解战争。因此，我在这里要谈到战争的危险。

第五章　战争中的消耗

如果只有当一个人饥寒交迫，或酷热难熬，或缺吃少穿、筋疲力尽而沮丧绝望时才有权发表军事观点，那么客观和准确的观点肯定是比现在还少。但这些观点至少在主观上有几分道理，因为发言人的经历能够确切地决定他的判断。想想那些目睹军事行动失败的人是如何把该事件说得一无是处、一钱不值的，如果他们是该行动的参与者，他们会说得更加不堪。我们认为这表明体力消耗会给人带来巨大的影响，在评估局势时要把这些因素考虑在内。

在许多无法衡量的战争因素中，体力是最重要的。如果没有被浪费掉，体力是一切力量的相关系数，我们无法决定体力的极限是多少。但重要的是就像只有强壮的弓箭手才能把弓拉得比一般人满一样，也只有强悍的头脑能把他的军队发挥到极致。有一种情况是部队遭到大败，受到来自四面八方的危险包围，像土崩瓦解的房子一样解体，只能靠付出极大的体力来寻求安全。而胜利之师则完全不同，他们兴高采烈、士气高涨，而仍能心甘情愿地接受指挥官的领导。同样是要忍受劳累困苦，前一种情况最多引起人们的同情，后一种情况却叫人感到钦佩，因为这种情况要保持下来困难得多。

现在，缺乏经验的观察员终于认识到禁锢精神、消耗干劲的因素之一。

虽然我们只谈司令官要求自己的部队、指挥官要求自己的下属劳其筋骨的问题，换言之，虽然我们关注的是作出这种要求所需要的勇气，还有把要求贯彻下去所需要的技巧，我们不应该忘了指挥官本人的体力消耗问题。既然我们是很认真地对战争分析研究到了这一步，我们不妨把这一遗留问题一并处理。

研究体力消耗问题的理由是，这个问题像危险一样是战争中最大的阻力来源。因为这种阻力的极限不确定，它就像弹性物质，我们很难测定它造成的阻力究竟有多大。

为了避免这些想法、这个针对战争阻力的评估遭到误用，我们可从感情中自然而然地得到指导。一个人因为宣称自己身患残疾而消极接受侮辱和虐待，他是指望不上别人的同情的，但如果他能够自卫或成功地报复了对方，再提到他身患残疾、要这样做有多难，这对他反而是有利的。同理，司令官和部队不能靠解释有多危险、有多艰难、体能消耗有多大来洗刷失败的污点，但在胜利后描述这些危险、困苦和损耗，反倒能给他们增添光彩。感觉阻止我们作出看似正确的评议，感觉发挥着更高判断力的作用。

第六章　战争中的情报

“情报”指的是有关敌人及其国家的任何信息——总之，是我们计划和行动的基础。如果我们想想这个信息的真正基础是什么，这个信息有多么的不可靠，多么的瞬息万变，我们很快就能意识到战争有多脆弱，战争能轻而易举地坍塌，把我们埋在它的废墟里。教科书当然教导我们只能相信可靠的情报，永远不要停止怀疑。可是，这种没说服力的基本原则又有何用？这些基本原则是拙劣智慧的产物，那些制度和手册的起草者一旦江郎才尽就靠这种东西来维持体面。

战争中许多情报相互矛盾，更多的是假情报，而大部分则是模棱两可的情报。对军官的合理要求就是他必须拥有一定水平的判断力，这种判断力应来自人情练达，来自于生活常识。他必须接受盖然法则的指导。在办公室而不是在军事行动现场拟定的计划就已经够难判断，在战斗最激烈的时刻，当情报源源不断涌入的时候，作出判断更是难上加难。在这种时候，如果情报出入太大，正好互相抵消，留下一种对比给人进行批判性评估，这已经是够幸运的了。如果机遇不从这方面青睐新手，如果他的运气正好相反，那他定会栽跟头。情报互相吻合、互相证实，一份情报是对另一份情报的补充，是给另一份情报添油加醋，迫使他当机立断——结果很快发现这是一个错误决定，那些情报最终被发现是谎言、夸大之词、错误信息等。总之，大部分情报是假的，害怕的心理增加了情报的虚假性和不准确性。大部分人通常宁可相信坏消息，不相信好消息；宁可夸大坏消息。情报中的危险如波浪一样很快就退得一干二净，但也如波浪一样，毫无理由地去而复返。指挥官必须相信自己的判断力，像波浪击不碎的岩石一样岿然不动，这可不是容易做到的。如果他没有一种积极向上的天性，如果他缺乏战争经验，他的判断力没有在战争中磨练成熟，他最好习惯性地按捺住个人信念，在怀疑时刻对他的希望而不是对他的恐惧予以更多信任。只有这样，他才能保持适当的冷静。

正确认识的难度构成了战争中最严重的阻力来源之一，事情与预料的完全不同。感观认识比系统思考更能给头脑留下生动印象——此印象之深刻，我怀疑指挥官必须从一开始就压制新的疑虑才能发动任何重大的军事行动。普通人，通常亦步亦趋地跟在别人后面的人，一般到了作战现场后就失去了自信心——事情不像他们所预料的那样，尤其是当他们还被他人所左右着，就更是如此了。即使是最初拟订计划并看着该计划实施的人也可能对初期判断失去信心。相反，独立自主才是他抵御此时压力的最好的防御武器。战争有办法布置一个鬼影憧憧的骇人布景，一旦把这些拆除掉，一旦视野变得开阔无阻，事态的发展就会证实他的初期信念。这就是计划和实施之间的巨大鸿沟。

第七章　战争中的阻力

没参加过战争就无法理解经常提到的困难到底是什么，为什么指挥官需要灼灼才华和杰出的能力。一切都显得那么简单，所需要的知识并不高深，战略选择方案一目了然。相比之下，高等数学中最简单的题目都比打仗更具有可敬的科学地位。只有见识过了战争，这些困难才会变得很好理解。带来这种态度改变的因素看不见、摸不着，但无处不在，要解释它们仍然非常困难。

战争中一切都很简单，但最简单的也是很难的。困难堆积起来产生阻力。除非你参加过战争，不然是无法想象那种情形的。

譬如一位旅人决定天黑之前再走两个驿站的行程。只剩下四五个小时，但在路况较好的公路上，而且还有可换乘的马，应该说这趟旅程可以轻轻松松地走完。可是，到了下一个驿站后，他找不到备用马，或只剩一些劣马，旅程出现崎岖的山路，路况很差，夜晚又降临了，最后克服了许多困难后，他哪怕是只找到一处简陋无比的地方投宿，也会感到庆幸万分。战争也是如此。不停地出一些小状况——你永远无法预料，这些状况堆积起来，降低了正常的作战能力，预定目标得不到很好的实现。钢铁一般的意志能够克服这个阻力；它击碎每一个障碍，当然，也损耗了机器本身。我们会经常回到这一点上。骄傲灵魂的坚定意志支配着战争艺术，正如方尖碑在所有道路的汇聚处主宰着城市广场一样。

也只有阻力这个概念或多或少与有别于纸上谈兵的实战因素相符合。这部军事机器——军队和一切与之有关的东西，从本质上看很简单，也容易操纵。但我们必须记住这部机器的任何部件都不是铁板一块；每一块都由单个的人组成，每个人都有可能成为阻力。在理论中可以说得过去：营长的任务就是执行命令，纪律把一个营紧密团结在一起，营长必须具有经得住考验的才干，这根力臂就会以最小的摩擦力围绕自己的钢轴转。事实并非如此，每一处理论错误和夸大在战争中即刻就会暴露出来。一个营是由单个的人组成，其中最不起眼的小兵都有可能耽误事情，或做错事情。与战争不可分离的危险和战争要求的物质、体力大损耗会加大阻力造成的问题，所以它们可列为阻力的主要成因。

这些巨大的阻力不可能像在机器里的阻力那样减少到几个点上，这些阻力跟运气相结合，变得无处不在，产生无法估量的影响，这就是与运气结合的结果。比如，其中一个阻力来自天气。雾能够让敌人没被及时发现，该打响的枪没打响，该送到指挥官手里的报告没送到。雨阻止了一个营的行进，让另一个营在路上花了八小时而不是三小时，让马蹄陷入泥沼从而破坏了骑兵的进攻等等。

我们举这些例子是为了说明问题，让读者理解我们的观点。要想说完所有的困难，非得写上好几本书不可。如果我们要穷尽战争中的小麻烦，光是事例就会多得让读者厌烦无比。知道我们要讲什么的读者对我们举少数几个例子还是可以谅解的。

战争中的军事行动如同阻力重重的介质中的运动。走路是最简单、最自然的运动，但在水中就不那么容易进行；在战争中，正常的努力都很难取得中等成果。真正的理论学家就像游泳教练，要求学生在陆地上做用于水中的动作。对那些没从游泳方面考虑的人来说,那些动作看上去稀奇古怪、夸张可笑。同理,从未游过泳的理论学家,或从未从经历中总结概括的理论学家非常不切实际,甚至荒唐可笑——他们教的只是人人都会的事:走路。

另外,每场战争都有大量的独一无二的战例,每一个战例都是充满暗礁、变幻莫测的大海。指挥官即使看不见这些暗礁,也能猜到它们的存在。现在他要在黑暗中穿行于这些暗礁之中。如果刮起一阵逆风,如果出现了意外的不幸事件,他需要使用极其娴熟的技巧、耗费巨大的力气并且需要全神贯注、沉着冷静。从远处是看不见这一切的,只看见事情好像进行得很顺利。对阻力的领悟是一个好的指挥官应该拥有的、值得称赞的战争意识。当然,最杰出的指挥官不是那种最熟悉阻力、又最害怕阻力的人(这属于有作战经验的指挥官中常见的焦虑型人物)。好指挥官了解阻力是为了尽可能地克服阻力,为了对他不可能达到的那种战果不抱有太大期望。顺便提一下,阻力是一种理论无法确定的力量,即使能够,仍然需要培养机敏和本能,培养一种在无休止的小困难中所需的判断力,而不是在大是大非问题上的判断力;后者可以靠人们独自去思考,或在与别人讨论中获得。对通晓人情世故的人来说,本能已成为习惯,他因而总能做到言行举止得体而不逾矩。同样,只有经验丰富的军官在大大小小的事情中能作出正确决定——在战争的每一次脉搏跳动中。实践和经验规定了答案:“这是可能的,那是不可能的。”这样他很少犯严重错误,这种错误如果经常发生在战争中,会动摇军心,是一件极其危险的事。

我们称为阻力的东西是一种把易事变成难事的力量。我们会常常谈到这个问题。显然,杰出的指挥官光有经验和顽强的意志是不够的,他必须还有其他出色的能力才行。

第八章　结束语

我们确定了这样一点：危险、体力消耗、智力和阻力结合起来形成了战争氛围，并使这个氛围成为阻碍行动的媒介。从这些因素有限的作用来看，它们可以统一称为总阻力这样一个概念。有没有减少磨损的润滑剂？只有一种润滑剂，指挥官和部队不一定拥有它——战斗经验。

习惯把身体锻炼得坚韧不拔，把人心锻炼得临危不惧，使判断不受第一印象的影响。习惯培养出无价的品质——镇静，这种品质从轻骑兵、步枪手一直向上传至指挥官本人，减轻了指挥官的任务。

在战争中，经验丰富的军人会像黑暗中的人眼一样做出反应：瞳孔放大，尽量吸收光线，逐渐看见物体，直到最后看清它们。相反，新手只会一头扎进黑暗深处。

指挥官无法让没有参加过战争的部队熟悉战争。和平时期的军事演习不足以替代真正的战争，但至少可以让部队比那些只囿于常规事务和机械操练的军队强。在军事演习中加上阻力因子，可以训练军官的判断力、常识以及果断性，缺乏经验的人难以想象这种训练有多宝贵。最重要的是军人，不论是哪个级别的，不能等着战争把首次参战的他拖进叫他惶惑不安的战争状态中。在这之前如果他经历过这样的种种情况，哪怕只有一次，他就不会有陌生感。即使是体力损耗也是如此。必须训练如何忍受劳累，心智更是要接受超过体能训练的高强度的锻炼，以至于对战争中的心智消耗不再陌生。在战争中，如果要一个新兵承受巨大的损耗，他一般会认为这些损耗来自高层的错误、判断失误和思想混乱。他的士气因此而变得加倍的低落。如果他能在军事演习中学会承受这些损耗，这种事就不会发生。

和平时期另外一种十分有用但更有局限性的熟悉战争的方法，就是聘请外国军官，那些参加过战斗的人。在欧洲并不是处处都有和平，在世界上就更非如此。一个长期处在和平状态中的国家应该吸纳有战斗经验的军官——当然应该是那些立下赫赫战功的人。再者，该国应该派自己的军官去观察军事行动，了解战争状况。

这一类军官在部队里占的比率不高，但影响不小。他们的经验，他们的见识，他们成熟的性格会影响下属和同僚。即使不会被授予最高指挥权，他们也应该被视为熟悉某一地区的向导，并可以在某一具体事件上给予他人指导。

第二篇

战争理论

第一章　战争艺术的分类

战争从本质上来说就是打仗，在归类于战争的众多活动中，只有打仗是最有效的因素。打仗是通过物质力量对精神和物质力量进行巨大考验的活动。精神力量当然不能排除在外，因为精神力量对战争要素起着决定性的作用。

人们为了速战速决，就发明了合适的武器装备以期在战斗中获取优势，这些武器大大地改变了战斗形式。然而，无论形式有多么的不同，战斗概念是不变的，这就是战争的定义。

最初的发明包括可供个人使用的武器装备，这些在战争开始之前就必须生产出来并加以测试、确保合格。它们必须适合战斗的性质，后者反过来又决定了它们的设计。然而，这种测试工作必须有别于严格意义上的战斗，这只是战斗的准备，不是实施战斗。显然，武器装备不是战斗概念的基本组成部分，因为摔跤也是一种战斗形式。

战斗决定了武器的性质，武器反过来又影响战斗，两者之间相互发生作用。

但战斗仍然是一种有别于其他的活动，尤其当战斗是在一个特殊因子——危险中进行的时候。

因此，十分有必要在这里把两种活动区别开来。我们常发现在一个领域能干非凡的人在另一个领域却成了空谈家，可见把两种活动区分开来的想法有多么重大的实用价值。

事实上，只要一个人把武装战斗力量看成一种既定手段，一种只需了解其主要作用就能用起来得心应手的手段，这个人就可以轻松地区分这两种活动。

从本质上看，战争艺术就是在战斗中使用既定手段的艺术，没有比“作战方式”更好的措辞来解释战争艺术了。当然，从广义上看，战争艺术包括所有为战争需要而存在的活动，比如军队的创立、招募、武器装备和训练。

区分这两种活动对理论是否正确是至关重要的。不难看到，如果战争艺术总是从招募武装力量开始，并使这种力量适应特殊情况的需要，那么这种战争艺术就只在少数事例中有实用价值，在这少数几个事例里，现有的军队恰好与战争需要相一致。如果我们需要有适用于大多数情况，而不会对某些情况完全不适用的理论，这种理论就必须建立在通用手段及其最重要的效果的基础上。

战争方式在于作战计划和方式。如果只有一次战斗，就不需要作进一步区分了。然而，它往往由几次单个行动组成，而这些单个行动又自成一体，这就是我们在第一卷第一章中提到的战斗，这就形成了新的实体。于是就产生了完全不同的活动：一个是计划和实施这些战斗，另一个是为了推进战争目标的实现而在这些战斗与其他战斗之间进行协调。前者是战术，后者是战略。

战术和战略之间的区别现在几乎是普遍认可的，大致每个人都知道某一个别因素是属于战术还是战略范畴，但他们是知其然却不知其所以然。每当人们盲目地使用这个分类时，其中必然有深层次的原因。我们试图发掘这种区别，应该说就是这种普通用法决定了如此区分。另一方面，我们不愿采纳某些作家的牵强定义，因为它们不反映通用用法。

根据我们的分类，战术应该谈的是交战中如何使用军队的问题，战略谈的是如何使用战斗来实现战争目标的问题。

我们只有仔细研究战斗，才可以给单个而自成一体的战斗一个准确的定义，可以给其整体性所依赖的条件一个准确的定义。在这里，知道这一点就已经足够：在空间上（几场战斗同时进行），其整体性必然受到个人指挥范围的限制；在时间上（一场战斗接着另一场战斗），这种状况会持续到转折点已经过去，这种转折点是战斗中的典型现象。

可能会有一些难以分类的情况——比如，有时若干场战斗可以看作一次战斗，但这不会破坏我们的分类原则，因为一般都会出现这样一种情形，即在所有实用分类系统里，分类会以递减的形式逐步合并。因此，即使观点不变，也会有一些个别行动既属于战略问题，又属于战术问题。比如，疏开的阵地几近于一连串哨所，或有关渡河的安排。

我们的分类适用于使用军队，也只对此进行详尽无遗的描述。但战争还包括许多与使用军队不同的活动，有的与之密切相关，有的几乎没有多少关系。这些活动都与军队的维持有关。虽然军队的创立和训练在先，军队的使用在后，但军队的维持是与军队的使用同时进行的，而且也是其必要条件。但严格地说，这些都属于打仗的准备工作，与军事行动密切相关，等于就是军事行动的一部分，与军队的实际使用交替进行。所以，把这些和其他准备工作从狭义的战争艺术——作战方式中剔除还是有几分道理的。如果理论要达到区分不同因子的主要目的，这样做也是十分必要的。我们就不必面面俱到，非把军队的维持和管理看作实际作战理论的一部分不可。虽然军队的维持和管理不断与军队的使用相互作用，但两者存在着根本上的不同。

我们在第一篇第三章已经指出，如果斗争或战斗被定义为唯一直接有效的活动，所有其他活动的各组成部分也应该包括在内，因为它们都归结于战斗。这句话的意思是所有这些活动都是有目的的，要达到目的又必须与它们自身的规律保持一致。让我们对这个问题进行进一步的阐述。

战斗之外的活动彼此性质差异很大。

其中有些活动一方面是战斗本身的一部分，另一方面则是用来维持军队。而另一些活动只是用于维持部队，对打仗的影响仅限于能与战斗的结果相互作用。

与打仗有关的有行军、营地、兵舍，都与军队不同时期的存在有关，当一个人想到军队时，肯定总会想到打仗。

只属于维持军队那方面的有供应、医疗系统，以及武器装备的维护。

行军就是在使用军队，在战斗过程中的行军（通常称为“部署”）虽然没有用上武器，但与战斗密切相关，是战斗不可分割的组成部分。不在战斗过程中的行军只是战略计划的实施而已。战略计划决定了何时、何地、用何种部队进行战斗。行军只是实施这个计划的手段。

不属于战斗的行军是战略手段，但它并不只是战略范畴的问题。行军中的部队随时有可能投入战斗，行军就不得不服从战术和战略两方面的规律。如果一个纵队接到命令在靠近我方的河岸行军，或沿着我方这一侧山脉行军，这是战略措施：表明如果行军过程中发生战事，最好在靠近我方的地点进行。

如果纵队的行军路线是沿着山脊前进，而不是穿过山谷，或如果为了方便分成几个小纵队行军，这就是战术措施：考虑的是万一发生战事如何使用军队的问题。

行军的内在法则是随时准备战斗，行军就是可能发生战斗的预先部署，这就具备了战术性质。

行军是战略用来部署有效要素——战斗的工具。由于这些有效要素往往只在其结果中而不是在实际过程中显现，行军这个工具在探讨过程中常与有效要素混为一谈。人们说到决定性的、有技巧的行军，实际上指的是与行军相结合的战斗。这种概念替换再自然不过，其简明扼要的表述也颇得人心，人们不愿再作任何改变。但这只是一些简缩的概念，我们要对本来意义有明确的认识，才不会犯错误。

一种错误表现在，认为战略思想的价值与战术结果无关，可以部署行军和军事演习，不用打仗就能实现既定目标，并由此得出结论说不用战斗就能击败敌人。只有到后面我们才会揭示这个错误所包含的重大意义。

虽然行军可以看成战斗不可分割的一部分，但其中有些方面也不属于战斗，因此既不是战术行为也不是战略方面的举动。这包括一切只为给军队提供方便的措施，比如修路、建桥等等。这些只是先决条件而已。在某种情况下，这些举动可能与使用军队密切相关，是一回事——比如，在敌人眼皮底下建桥。但本质上，这些活动与作战方式相异，而战争理论不涵盖这些活动。

"宿营"指的是把部队集中起来随时准备行动，与"兵舍"有明显区别。宿营是休整的地方，也意味着战事一起就得战斗的战略准备。但选择何处宿营决定了战斗的基本路线——这是所有防御战的先决条件。所以宿营是战略和战术两者的基本组成部分。

如果军队需要长期休整，宿营变成了兵舍。像宿营一样，兵舍在位置和范围上成为战略的一部分，在随时准备战斗的内在结构上看，成为战术的一部分。

当然，作为惯例，宿营和兵舍除了用来休整军队之外还有别的目的。比如，它们被用来保卫某个地区或阵地。但它们有时也仅仅是为了让部队得到休息。我们必须记住战略是用来实现各种目标的：能够带来利益的任何东西都可以是战斗的目的，对战争工具的维护本身就是某些战略思想的目的。

至于说战略仅仅用于保存实力，我们无需扯得太远：养兵千日，用兵一时，使用军队仍然是主要关注的对象，因为这是在战区任何地方部署军队的意义所在。

然而，在营地或兵舍休整部队也包括一些与打仗无关的活动，比如修筑住舍、搭建帐篷、供应物质、修建卫生设施。这些活动既不属于战略范畴，也不属于战术范畴。

挖战壕显然是为战斗选址和做准备的工作，但即使如此，就战壕建设本身而言，不是作战理论的一部分。相反，部队需要接受技巧和知识方面的训练，这就是战争理论的一部分。

在与战斗完全无关、只与军队维持有关的活动中，供应却是直接影响着作战。供应几乎每天进行，渗透到所有军事行动的每个战略环节。我们提到战略环节，因为在某个特定战斗中，供应很少能造成计划的改动——但也不是完全没有可能。因此，最频繁的相互作用常发生在战略与供应之间，供应问题极为常见地影响着一场战役和战争的战略方针。不过，不管军队给养如何频繁地起着作用、如何起着决定性作用，但仍然与军队的使用在本质上分开，给养问题总是只会在其结果上能反映出对使用军队的影响。

至于我们提到的其他行政管理职能与军队的使用更是大相径庭。医疗机构虽然对军队的福利起着至关重要的作用，但只影响到军队的一小部分人，对大部分军人的使用影响不大，也不直接。至于设备的维护，并不是战斗部队经常要做的事，只是定期实施一下就行，在战略考虑中可以忽略不计。

在这里我们必须对一种错误思想抱有警觉态度。在具体战例中，这些方面也许会有决定性的作用。医院和补给站的远近很容易成为重要战略决定的先决条件，我们不能否认或掉以轻心。然而，我们关注的不是个别战例的实际情况，而是纯理论问题。所以，我们的观点是这类单位的影响不大，我们不必在战争理论里着重讨论医疗机构和武器弹药补充方面的学说。跟军队的给养不一样，把这些学说所得出的各种方式方法同它们的结果纳入战争理论没有什么价值。

简而言之，战争中的活动可分为两大类：只用于备战的活动和严格意义上的战争。在理论上也要进行同样的区分。

与备战有关的技能和知识与军队的创建、训练和维持密不可分。我们冠以何种名称不重要，但这些方面显然包括炮兵、建筑工事、所谓的基本战术，也包括军队的组织管理等等。但严格意义上的战争理论只涉及这些手段的运用，即它们发展起来之后如何用于达到战争目的。我们只要培育这些手段的最后结果，只要求了解它们的主要特性。这就是我们所说的狭义的“战争艺术”，或“用兵理论”，或“作战理论”，称呼不同但意思是一样的。

这种狭义理论处理的是战斗问题，把行军、宿营和兵舍看作多少是与战斗相同的。这不包括供应问题，但如果供应问题与上述情况一样，也可以列入这种狭义理论。

狭义的战争艺术现在应分为战术和战略。战术与单个战斗形式有关，战略与战斗的运用有关。两者只有通过战斗才能对行军、营地和兵舍的方式施加影响。与战斗形式有关的属于战术问题，与战斗意义有关的属于战略问题。

许多读者肯定认为仔细区分密切相关的战术和战略是多此一举，因为它们不直接影响军事行动的方式。不得不承认，只有不折不扣的书呆子才希望理论划分可以显示战场上的直接结果。

任何理论的最初目的是澄清混乱纠葛的概念和观念。只有澄清、确定了措辞和概念，人们在研究问题时才有希望取得简单明了的进展，才会有读者愿意分享他们的观点。战术和战略是在时间、空间上互相渗透的两种活动，但本质上完全不同。只有对两者全面了解才能知道它们的内在规律和相互关系。

那些认为这一切都毫无意义的人不是根本不承认理论分析，就是从未让自己的智力受到过令人思想混乱的观念侮辱，这些模糊不清的观念是经常能在作战理论中听到和读到的。这种理论没有固定观点，没有令人满意的结论，有时看上去很乏味，有时看上去很荒唐，有时在模棱两可的概念海洋中沉浮，这都是因为人们很少用科学调查精神来研究这个问题。

第二章　战争理论

战争艺术最初只指军队的准备

“战争艺术”或“战争科学”过去只表明一整套与物质因素相关的知识和技能。武器的设计、生产和使用，要塞、战壕的建设，军队的内部结构，军队的运动机制构成了这种知识和技能的实际内容。所有这些都促成了一支能打仗的军队的建立。这只是处理物质材料的问题，是单方面的活动，本质上是逐步从手工艺过渡到精美机械艺术的活动。这种作战艺术与战斗的相关性就相当于铸剑术与击剑术之间的关系，它不包括在危险情况下，在与敌人不断产生相互影响的情况下如何使用武力的内容，也不包括为达到理想目的而付出的精神力量和勇气。

真正的战争第一次出现在围城术中

在围城术中第一次涉及了作战方式，涉及了智力活动，但是围城术通常只体现在接近工事、平行壕、反接近工事、炮台等新技术上，这一类东西的发明标志着该理论的每一步发展。围城术也只是可以把物质发明贯穿起来的线索。在围城术中，唯有这些新技术产品体现了智力水平，理论发展通常也就到此为止。

接下来在战术中涉及

后来，战术试图以军队的特点为基础，把由各个部件组成的松散结构变成统一系统。这当然涉及战场问题，但仍然没有涉及创造性思维活动。结果是用队形和战斗命令改编过的军队几乎成为一部机器，一个命令就能将它启动，像钟表一样准确地展开它的活动。

真正的作战方式只在不经意间顺便提到

真正的作战方式，也就是根据具体情况自由使用特定手段，被认为不是理论要讨论的问题，而是由人们的偏爱来决定。随着战争逐步从中世纪的肉搏战进化到更有秩序、更复杂的形式，不得不承认，人们被迫对这个问题进行思考，但这些思考只是在回忆录和战争史里不经意地顺便提到。

对战事的思考产生对理论的需要

随着这种思考越来越多，战争历史越来越复杂，人们开始迫切需要理论原理和规则，借此给军事历史中常见的争议（相左意见之间的争吵）带来某种解决方法。这些混乱的思想必须依靠基本原理和明确法则来形成体系，没有这些，这些思想注定会引起人们智力上的厌恶。

努力建立一种无可怀疑的理论

因此，我们努力用原理、规则，甚至系统把作战方式武装起来。这是一种积极的目标，但人们往往没有充分考虑到无休止的复杂性。正如我们所看到的那样，作战方式几乎没有一定之规，可以朝四面八方扩展，没有固定限制；然而，任何体系、任何模式都带有综合归纳的局限性。因此，这一类型的理论与实践之间存在着不可调和的冲突。

物质因素的局限性

理论学家很快发现这个问题有多难，他们又把原则和体系导向物质性因素和单方面活动，以此来回避这个问题，并为此还感到心安理得。就像在与备战有关的科学中，理论学家想得出一套确定无误的结论，正因为这样，他们只考虑可以精确计算的因素。

数字优势

数字优势是一个物质因素，把它从组成胜利的所有因子中选出，是因为它可以靠使用时间和空间来归到数学法则之中。有人认为如果所有其他因素在两方面都被认为是平等的，可以互相抵消，它们就可以忽略不计。此法可以作为暂时的手段用来研究这单个因素的特点。但作为长期手段，把数字优势看作唯一准则，把整个战争艺术的秘密归于在某时某地形成的数字优势公式，这是一种过于简单化的做法，在现实生活中片刻都站不住脚。

供　应

有人想在理论研究中把另一个物质因素发展成体系：供应。这是基于以下设想：军队是以某种方式组建的，军队的给养就是作战方式的最后仲裁者。

用这种方法也可以得出具体的数据，但这些数据都建立在大量武断猜测的基础上，所以是经不起实际经验考验的。

基　地

拥有聪明头脑的某人想把一系列的因素压缩成单个概念：基地概念。这些因素中的确有一些互相之间有着智力上的关联，其中包括给部队提供给养，补充兵员和设备，确保与本土通讯畅通，万一必要的话，确保安全撤退。这位聪明人用基地这个概念去替换所有上述的单个因素，接着又用基地的面积或范围来替换基地这个概念本身，再用军队在底线上创造的角来替换基地的面积这个概念。所有这些都造成纯粹的几何学结果，根本没有用处。这种无用性实际上不可避免，因为事实是每一次替换，不是对事实有所歪曲，就是使原义遭到部分损失。基地概念是战略中的必要手段，发明这个概念的作者功不可没，但以上述方式使用这个概念是不可取的，只会导致片面的结论产生，那会把理论学家引到相当矛盾的方向，使他们相信包围战的绝对优势。

内　线

另一个几何学原理作为对这种谬误的反应被提了出来：这就是所谓的内线。虽然这个原理有坚实的依据——也就是建立在战斗是战争唯一有效手段的事实基础上，但其纯粹的几何学特点仍然把它变成了偏颇的原理，这种原理决不可能控制真实局面。

所有这些尝试都会引起反对

只有从分析的角度，才能把这些理论上的尝试称为真理领域的进步；从综合性看，这些理论尝试提供的规则、条例根本就没有用处。

它们的目标是建立固定的价值标准，但在战争中一切都不确定，结论都是可变的。

它们只探索物质上的数量，而所有的军事行动都与心理力量和效果纠缠不清、盘根错节。

它们只考虑单方面行动，而战争则涉及对立双方不断的相互作用。

他们把天才排除在规则之外

这种片面观点的贫乏智慧无法企及的一切东西都属于科学范畴之外，属于天才领域，超越一切规则。

那些在规则丛林里匍匐前进的士兵真正可怜，那些规则对天才毫无用处，天才可以无视它们的存在，或嘲笑它们。不，天才所做的一切才是最好的规则，理论只要显示天才是怎样做的、为什么这样做就够了。

那些与理性发生冲突的理论真可怜！再怎么谦逊也掩饰不了这种冲突。实际上，这种理论越不张扬，嘲笑和蔑视就越快将其逐出现实生活的领地。

当精神因素介入时理论面临的问题

理论只要涉及精神价值领域就变得更加困难，建筑师和画家只要处理物质现象就能准确地知道自己在干什么。机械和光学构造没有什么值得争议的地方,但一涉及作品的美学价值,一旦建筑师和画家都旨在对精神和感观施加特殊影响,这些规则都会化为模糊的观点。

医学通常只与生理现象有关,只跟活的有机体打交道,而活的有机体处在不断变化之中,从一时到另一时总是有所改变。这就使医学工作成为非常困难的工作,使医生的判断力变得比他的学识重要。可想而知,如果加入精神因素,该会增加更大的困难,所以我们会更加重视精神病医生!

战争中不能忽视精神力量

军事活动不单针对物质力量,同时也针对精神力量。是精神力量赋予了军事活动生命力,两者不可分割。

但精神力量只能用心灵的眼睛去感知。每个人的感悟能力不一样,同一个人在不同的时间段往往也不一样。

既然战争中到处都有危险,一切都在危险中进行,勇气——对自身力量的感知,是影响判断的主要因素。可以说它就像眼珠一样,印象通过它传入大脑。

然而,毫无疑问的是,经验本身为这些印象提供了某种程度的客观性。

每个人都知道伏击或侧翼进攻和尾部进攻的精神作用;每个人都会低估撤退敌人的勇气;每个人在追击时都比被人追击时更愿意冒险一试;每个人都会从对手的名望、年龄、经验来评估他,并采取相应的行动;每个人都在揣摩自己军队和敌人的精神状态和情绪。所有这些和同类在智力、精神领域造成的影响已在经验中得到证实。它们不断重复出现,有理由成为客观因素。理论如果对它们视而不见，还能成为理论吗？

当然，这些事实必须扎根于经验。没有一个理论家，没有一个指挥官会陷入精神和哲学谬论中。

建立作战理论的主要问题

为了清醒地认识到建立作战理论所面临的困难，并推论出该理论的性质，我们应该仔细研究军事活动的主要特征。

第一个特点：精神力量和作用

敌对情绪

第一特点是精神力量和作用。

战斗从本质上看就是敌对情绪的宣泄，但在大规模战斗中，我们称为战争敌对情绪的东西常常变为单纯的敌对意图。不管怎样，个人之间通常没有敌对情绪。但这种情绪在战争中不可能完全不存在。现代战争中经常充满国与国之间的仇恨，这种国仇多少替代了个人之间的仇恨。即使不是在国仇的驱使下燃起战火，战斗本身也会挑起仇恨心理：根据上级命令来实施暴力，必然引起人们对直接施暴者而不是对命令采取军事行动的上级产生复仇心理。这是人的天性使然（如果你愿意，也可以说是动物天性），但这是事实。理论学家喜欢不动感情地把战斗看成抽象的力量较量，这是他们有意识犯下的上千个错误中的一个，因为他们不知道这种错误带来的后果。

除了由战争性质挑起的情绪之外，还有一些与战斗相关性不太大的感情因素。但由于仍存在着某种关系，这些感情因素很容易跟战争挂上钩：雄心、权力欲、各种热情等等。

危险的作用

勇　气

战斗形成危险局面，所有军事活动都在危险中开展，就像鸟在空中飞、鱼在水里游一样。然而，危险的作用会引起人们出于直接本能的或有意识的情感反应。人们会本能地做出努力逃避危险，或如果逃不开，人们会本能地产生恐惧和焦虑。如果这些危险带来的影响没有起作用，那是因为勇气战胜了本能。但勇气决不是有意识的行为，它像恐惧一样是一种情感。恐惧来自对身体的关注，勇气则是出于对精神生存的需要。勇气是一种高尚的本能，不能当作没有生命的工具来看待，认为它只是按指定的命令行使职能。勇气不只是不让天平向危险倾斜的平衡锤，不只是用来淡化危险的作用——勇气有着自身的特质。

危险的影响范围

要想恰如其分地了解危险在战争中所起的作用，我们不应该把危险的范围限制在现实的危急时刻。危险对指挥官的操控不仅体现在对他构成人身威胁，而且还体现在威胁那些接受他指挥的人；不仅体现在临危时刻，而且还体现在想象之中，体现在危机四伏的所有时间段中，并通过责任感以十倍的重负沉甸甸地压在指挥官的心头。他为任何重大战事做决定时，都会在对相关危险和责任的思虑中感到紧张苦恼。这样说应该没错——战争中的军事行动只要是真正的行动而不只是演习，就不可能脱离危险。

其他情感因素

我们在考虑战争特有的敌意和危险引起的情感因素时，不想排除伴随人生的其他情感因素。这些在战争中也有一席之地。严峻的战争责任扼杀了许多细微情感的作用，但这只针对不断在前线冲锋陷阵的低级别军人而言，这种人忘记了生活中的其他方面，抛弃了虚伪的习惯，因为在死神面前，虚伪是毫无意义的。这种人身上最后被铸造出一种简单的尚武品格，成为军事领域的至臻代表。在较高级别，情况就不一样了。一个人军阶越高，视野就越开阔。各种利益关系、各种好坏情绪从四面八方纷至沓来。妒嫉与慷慨、骄傲与谦卑、愤怒与同情——在战争这出大戏中都发挥着作用。

智力水平

指挥官除了情感因素之外，其智力水准也起着主要作用。一个好高骛远、幼稚而好空想的头脑与一个冷静强悍的头脑，表现想必会大相径庭。

智力差异导致通往目标的道路不尽相同

智力差异带来的影响主要在高级将领中很明显，军阶越高，影响就越大。它也是导致实现目标的途径不一样的主要原因。我们在第一篇已经讨论过这一点。正因为存在智力上的差异，盖然性和机遇才会在决定事件的过程中发挥巨大的作用。

第二个特点：积极反应

军事行动的第二个特点是积极的反应和与之相应的相互作用过程。在这里，我们不关心如何计算这种反应，这实际上属于已经探讨过的、如何计算精神力量的问题。我们只关心这样一个事实——作战双方相互作用的性质注定了其不可预测性。在军事行动的详情中，行动措施对敌方的影响是最特异的因子。可是，所有理论都囿于对现象进行分类处理，从来不考虑真正独特的个例。单个战例只能仰仗判断力和才能。军事活动计划都是按一般情形制订的，自然会经常在具体事件中遭到破坏，自然会在很大程度上取决于军事才能的发挥；比起其他领域，抽象指令在军事行动中用处更小。

第三个特点：所有情报的不确定性

最后，所有情报普遍不可靠成为战争中的特殊问题。所有行动可以说都在朦胧中进行，也就是在像雾或月光一样的朦胧中进行，一切都变得荒诞恐怖、夸张失真。

在昏暗光线下看不清楚东西就得有猜测的本事，或仅仅交给运气。所以人们因为缺乏客观知识，不得不又一次诉诸本领或运气。

绝对正确的教义是不可能的

考虑到战争的性质，我们要提醒自己，我们不可能为战争艺术搭建一个模型，就像脚手架一样，指挥官在任何时间爬上去都不会掉下来。每当指挥官要动用自身才能时，他就会发现自己站在模型外面，与这个模型格格不入。不论这模型的准则如何面面俱到，情况总是造成我们提过的结果：才华和天赋运行在规则之外，理论与实践相抵触。

成立理论的选择方案

困难大小不同

这个困境中有两条出路。

首先，我们对军事行动性质的笼统评价不应该均摊到各个级别的军事行动上。低级别的军事行动最需要的是勇气和自我牺牲，但需要用智力和判断力解决的问题不多。行动范围有限，手段和目的也不多，了解的情报信息也比较具体：通常只限于看得见的方面。级别越高，问题就越多，到了最高指挥官那里，问题也达到顶峰。在这个级别上，几乎所有的解决方案都必须仰仗富有想象力的高智商。

即使把战争分解为各种各样的活动，我们也会发现整个战争过程中的困难不是千篇一律的。活动越物质化，困难就越小。越需要发挥智力的活动，越有可能变成动机对指挥官的意志发挥决定性作用，就越会产生许多困难。因此，用理论来组织、计划、指导一场战斗比用理论来决定战斗的目的要容易得多。战斗由武器来指导，虽然智力仍发挥着一定的作用，但起主导作用的还是物质因素。不过，当涉及战斗的影响力时，物质性的成功就会转变为将来行动的动机，在这种情况下，智力就独自发挥着决定性的作用。总之，战术对理论学家来说，比战略的困难要少得多。

理论应该是研究，而不是教条

摆脱困境的第二条出路是不把理论当作一贯正确的教条，不把理论当作一种行动手册来看待。当一种活动主要是一再处理同样的事情——一再处理同样的目的和手段时，那么，即使有一些小变化，有无数种不同的组合，这些事情仍然可以是理性研究的对象。正是这种探究是任何理论的基础，也只有探究配得上理论这个称呼，也就是，只有通过分析调查，才能把问题了解透彻，然后用于实践之中——就我们而言，就是用于军事历史中。这样，我们才能深入地了解熟悉军事历史。理论越让人接近这个目标，越能从客观科学性转换成主观性技能，在那些只有天才才能主宰的领域就越有说服力。可以说，理论就成了天赋的有效成分。如果理论能够用来分析战争的组成部分，澄清最初混乱的思想，充分解释所使用的手段的特点，显示这些手段可能产生的效果，明确规定既定目标的性质，对战争的所有阶段进行深入的批评性研究，提出启发性意见，那么，它就完成了自己的主要任务。理论就成为所有想从书本上学会打仗的人的指南，可以照亮他眼前的路，加快他的进步，训练他的判断力，帮助他避开陷阱。

专家是把一半生命都用于掌握一些隐晦问题的所有方面，这种人当然比只仓促研究过这个问题的人要懂得多。而理论的存在价值就在于人们不必每次都又从头整理材料进行研究，而是可以利用现成的和已经整理就序的资料。理论可用来培育未来的指挥官，或者更确切地说，指导他自学成才，而不是伴随他杀敌掠阵。就像一个聪明的教师激发年轻人的智力潜能，但决不牵着他的手领他走完一生。

如果理论研究的结果自动生成一些原理和规则，如果真理自动凝缩成原理和规则形式，理论是不会与这种天然的智力倾向作对的，相反，如果真理之拱门在添上这样一块拱顶石后便以完美的身姿巍峨耸立，这种智力倾向在理论中也是加以强调和突出的。但是，这样做也只是顺应科学的理性法则，为了指出所有线索的汇聚点，而不是建立一套代数公式供战场使用。这些原理和规则只是打算为好思考的人提供军事调遣方面的参考，而不是在开战的时刻为他铺就一条正确无误的路。

这个观点肯定了理论的价值，消除了理论与现实的冲突

这个观点承认了令人满意的战争理论的可行性——真正实用而决不与现实发生冲突的战争理论。而且这种理论只要运用得当，就能与军事行动相适宜，就能结束诸多不当理论造成的理论与实践之间荒谬脱节的现象。这种脱节往往排斥常识，被平庸无知的人当作借口来掩饰他们天生的无能。

理论应该研究目的和手段的性质

战术中的目的和手段

理论的任务就是研究目的和手段的性质。

在战术中，手段就是训练来打仗的军队，目的就是胜利。在“战斗”的前提下，胜利这个概念的更准确定义将在后面章节提到。在这里，可以说敌人从战场上撤退就是胜利的迹象。该战斗的战略目的也由此达到——这是一个构成它真正意义的目的，这种意义对取得的胜利具有一定的影响。旨在削弱敌人实力的胜利不同于仅仅为了夺取阵地的胜利，因此，战斗的意义对

战斗计划和指挥都有着明显的影响,战斗的意义也因此而必须和战术联系起来研究。

经常伴随手段使用的因素

在战斗中总有一些经常性因素会在某种程度上影响战斗。在使用军队时,我们必须考虑到这些因素。

这些因素就是方位和地形地势、时间和天气。

地形地势

地形地势可看成地理环境和地貌的组合,严格地说,如果战斗在平坦的荒原上进行,地形地势对战斗不会构成任何影响。

在大草原上确实是这么回事,但在欧洲被开垦过的土地上,就需要一定的想象力才能设想战斗不受地形地势的影响,在文明国家这更是难以想象。

时　间

时间以昼夜之分来影响战斗,但这种影响的范围当然会超过昼夜的界线:每一场战斗都会持续一段时间,主要战斗会持续许多个小时。当制订主要战斗计划时,这一仗是早晨开始打还是下午开始打会造成决定性差别。然而,也会有许多战斗不受时间支配,从整体上看,时间的重要性不大。

天　气

天气更难得构成决定性因素,通常只有雾会起一定作用。

战略中的目的和手段

最初的战略手段是胜利——也就是战术成果。战略目的说到底就是那些直接导致和平的目标。为这些目标而使用这些手段是有一些伴随因素的，它们或多或少影响着战略的实施。

影响手段运用的因素

这些因素包括地理环境和地貌（前者还可以扩大到国家和战区居民）、时间（包括季节）、天气（包括如霜冻等这样的非正常气候特征）。

这些因素产生新的手段

战略把上述因素与战斗的结果结合在一起，赋予了那个战果（并由此也赋予了战斗本身）一种特殊的意义，也就使战斗具备了特殊目的。但假如那个目的不会直接导致和平的到来，该目的便只是从属性的，只能看作是一种手段。在所有重大时期打的胜仗和取得的胜利都是战略手段。从地形上看，占领一个阵地就是一场胜仗。不仅带特殊目的的单个战斗可列入手段这一项，为共同目标而进行的系列战斗在整体上也是一种手段。从时节来看，冬季战役就是这样一种多次战斗的组合。

只能从经验确定战略上应探讨的手段和目的

第一个问题就是在讨论中如何穷尽手段和目的。如果科学研究就是为了产生这样的结果，那么我们就会陷入种种困难之中，使我们得不到作战方式和战争理论中存在的逻辑必然性。因而我们转向经验，转向研究战争史上的系列战事。当然，结果是我们只能得到一种有局限性的理论，它只是建立在军事历史学家记录的那些战事的基础上。但这是不可避免的，因为理论结论只能以战争史为依据，或至少比照过战争史。这种局限性不管怎样，与其说存在于现实中，不如说存在于理论中。

这种方法利好的一面就是理论与现实没有脱节，这种理论不会让人陷入无谓的思考、诡辩和无节制的空想之中。

对手段的分析能进行到何等程度？

第二个问题是，理论能把手段分析到什么程度。显然，理论的各个方面具有实践意义就行。各种武器的射程和性能从战术上看是最重要的；而武器的构造虽然支配着它们作用的发挥，却与战术不相干。作战方式与如何从煤、硫磺、硝石、铜、锡中制造火药和枪炮无关，它关心的是现成的武器及其效力。战略只使用地图，不必考虑三角学和测绘上的问题，不研究如何有效地把一个国家组织起来，如何训练和统治国民，以便达到最佳军事效果。在欧洲各国，这些情况是什么样，就以什么样接受它们，只有当出现给战争带来显著影响的不正常情况时，才会引起注意。

知识的实质性简化

显然，理论所要涵盖的问题范围可能大大缩小，战争方式所要涉及的知识也大大减少。大量用于一般军事活动的专业知识和技能，都是为战场准备一支装备精良的军队所需要的。这些知识和技能在为战争服务之前必须合并成少数几个条例，就像数条溪流在流入大海之前汇聚成河一样。想掌握这些知识和技能的人应该让自己熟悉能够汇入战争这片汪洋大海的主要军事活动。

这种简化使伟大指挥官的快速成长成为可能，也解释了为什么指挥官不是学者

事实上我们的研究只能得出这种结果，如果得出的是其他结果，那它的正确性就值得怀疑。只有这个结果解释了为什么成功升为高级将领的人，甚至升到最高指挥官的人在过去做的是完全不同的工作。事实上，名将从来不是出自学院派军官，大部分都出自不可能为他们提供高等教育机会的身份背景。所以人们会嘲笑那些认为在培养未来将领时要为他们提供全部细节知识的人，把那些人当作不可理喻的书呆子看待。这种过细的教育方法的确是十分有害的，因为智力是在知识、思想倾向和指导中形成。只有大事才能成就伟大的头脑。微不足道的细节只能培养出见识短浅的智力，除非你把这些细枝末节拒之门外。

早期冲突

战争中所需的知识简化被搁置一旁，或知识成了大量无关紧要的附属信息和技能的堆积物，这显然造成与现实的冲突，最后人们只能把一切事情都推给不需要理论的天才，理论也就失去了存在的价值。

因此，所有知识变得毫无用处，一切都只与天资有关

有一点常识的人都知道非凡的天才与学究性的书呆子之间存在的巨大差异。人们开始自由想象理论是不可靠的，认定战争方式全凭人的天赋，有多少天赋就有多少表现。不能否认这种想法总比强调不相干的专门知识要好，要更接近事实；然而，仔细研究一下，你就会发现一切归功于天赋未免太夸大其词。人类的智力活动不可能离开思想，思想不是天生的，而是后天获得的，它构成了人的知识结构。唯一的问题是这应该是什么类型的思想。我们相信已经回答了这个问题，因为我们说过思想应该与军人直接关注的事情有关。

职责决定知识

在这个军事活动的领域里，指挥官的责任范围不同，思想也就不同。在低级别范围，思想更关注次要的小目标；在较高级别范围，思想涵盖的是更广泛、更综合性的东西。有的总指挥官无法出色地领导一个骑兵团，也有的骑兵团长不能领导一支大军。

战争要求的知识很简单，运用起来很困难

战争知识只涉及少数几个对象，只涉及这些对象的最后结果，应该说是非常简单的。但这并不意味着运用起来就很容易。一般军事行动的困难在第一篇中已经提到。撇开那些只能靠勇气解决的问题不谈，我们认为只有在低级别的层次上，真正的

智力活动才是简单易行的。每提高一个级别，困难就增加一分。到了最高处，也就是总指挥官那里，困难就达到了智力能够承受的极限。

这种知识的性质

总指挥官不需要是博学的历史学家或专家学者，但他必须熟悉国家大事和内政；他必须了解时事、亟待解决的问题、领导人物，并能够做出恰当判断；他不一定善于观察人类，不一定能对人性进行细微分析，但他必须了解他手下人的个性、思维行动习惯、特殊优缺点；他不一定会驾马车、驾驭拉大炮的马，但他必须会测算一个纵队在不同的条件下到达一个指定地点需要多长时间。这类知识靠科学公式和机械装置是得不到的，只能通过判断能力得到，只能通过对人事观察后得出的正确判断来得到。

高级将领所需要的知识别具一格，因为只有特殊才华经过反思、研究和思考后才能获得，这是一种从生活现象中提取精华的智力本能，就像蜜蜂从花中吸吮花蜜一样。除了通过研究和反思获得之外，这种知识还来自生活。充满教训的生活经验培养不出牛顿和欧拉，但能培养出孔代[1]或腓特烈式的推断能力。

没有必要用谎言和学究气的简单头脑来换回军事活动在智力方面的名声。伟大的指挥官都是智力超群的人。但有大量的人在低级别做得非常出色，在较高位置上却战绩平平，因为他们的智能不够用。甚至在统帅的位置，由于权力范围的不同，所需要的智能也是有差异的。

1 孔代（Condé，1621—1686），路易十四时代的法国元帅。——编注

知识必须化为能力

还有一个必要条件需要考虑——对军事知识来说是至关重要的因素。知识应该被智力充分吸收，融会贯通，不再以独立、客观的形式存在。在几乎所有其他行业和职业中，即使是没有生命的、毫无意义的知识，人也可以从发霉的书上习得；即使是不断使用的事实真理，或近在手边的知识，仍然是身外之物。建筑师拿着笔和纸坐下来用复杂的计算求出拱座的负荷力时，他得出的真实答案并不是他自己个性的彰显。首先，他得小心地收集数据，然后用不是他自己发明出来的智力过程来运算，用他当时还未完全弄清楚的逻辑过程进行运算，在大部分情况下，他只是机械地做着这种计算。战争就不是这么回事。不断变化的局势和及时做出反应的需要迫使指挥官把所学知识内在化，变成随身携带的智力武器。他必须随时准备做出恰如其分的决定。一个指挥官的知识通过被智力和生活充分吸收后，应该转变为一种真正的才能。这就是为什么出类拔萃的人在战争中游刃有余，这也就是为什么人们把一切都归结于天赋。我们说天赋，是为了把这种能力和靠反思、研究训练培养出来的才华区别开来。

我们相信以上这些评论澄清了战争理论所面临的问题，提出了解决方案。

我们已经把战争方式划分为战术和战略两个领域。我们已经提过，因为战术理论仅限于物质因素，战略理论无疑面临更大的困难，战略理论讨论的是直接导致恢复和平的目的，所以可能性是无穷尽的。由于这些目的主要是总指挥官考虑的东西，因此，问题主要产生在他能力所涉及的领域。

战略理论，尤其涉及重大战绩时，比战术理论更应该满足于单纯地对物质和精神因素进行思考。战略理论应该帮助指挥官获得洞察力，它一旦与指挥官的思维方式融为一体，会使指挥官工作更顺利、更富有成效。战略理论还应该不强迫他为任何客观事实放弃自己的信念。

第三章　战争艺术还是战争科学

名称待定

能力和知识。

科学的目标是知识，艺术的目标是创造能力。

这些措辞的使用似乎仍处在待定状况，虽然事情并不复杂，但我们看来仍不知道该依据什么来选择哪一种措辞为好。我们已经讨论过知识和能力是两码事——彼此完全不同，不可能混为一谈。书无法真正教人如何做事，因此“艺术”不可能成为书名。但我们习惯综合概括艺术实践所需要的知识（这些知识也可能是几门独立的科学），把这些知识称为“艺术理论”，或就是“艺术”。所以保持这种基本区分，把旨在创造能力的一切都称为“艺术”是有道理的。比如，建筑业就可称为艺术。“科学”这个措辞应该用于如数学或天文学这些科学原理，旨在追求纯知识。不用说，每一种艺术理论都有可能包含有各别的科学知识。还需要指出，任何科学都蕴含着某些艺术因子，比如在数学里，算术和代数的应用就是一种技艺。但艺术可能走得更远。总之，不管知识和能力在人类总成就中的差别有多么清晰可见，但在具体事项中，要完全把二者区分开来是极端困难的。

区分感知和判断的难度

战争艺术

任何思想当然都是艺术。当逻辑学家划一条线，表明来自感知的前提已经结束，判断从此开始时，就意味着艺术从这一点开始发挥作用。但进一步的理解是：通过智力活动而形成的感知已经是一种判断，因此是一种技艺；感官知觉说到底也是这样。总之，不能想象人有感知却没有判断力，或反过来有判断力却没有感知。同样，也不能想象可以把知识和技能完全分开。能力和知识的微妙之光越是具体地体现在世界的外在形态上，它们的区别就越明显。在此可以重述一遍，创造能力和产出属于艺术范畴，探索和知识则属于科学范畴。得出的结论就是，"战争艺术"这个措辞比"战争科学"这种说法更贴切。

我们讨论这些概念，因为它们是不可或缺的。但我们还要提醒一句，严格地说战争既不是艺术也不是科学。把这些概念截然分开是带误导性的，因为这不经意地造成这样一种错觉，即战争与其他技能和科学没有什么不同，这种想法会产生大量不正确的类比推断。

过去人们早已认识到这个难题，因此，有人建议战争是一门手艺。这种理解与其说是收获，不如说是损失，因为手艺是艺术的低级形式，受制于更严格而苛刻的规则。确实出现过把战争艺术当作手艺来看的时代，那就是雇佣军头目时代。但这种趋势没有内在基础，只有外在浅薄的生存根基。战争史表明这种现象是多么不正常，其结果又是多么令人失望。

战争是人类交往的行为

因此，我们得出结论：战争既不属于艺术，也不属于科学，它只是人类社会生活的一部分。战争是主要利害之间的冲突，一种需要靠流血来解决的冲突——这是唯一与其他冲突不一样的地方。与其把战争比作一门艺术，不如把它比作商业更确切，因为商业也是人类利害关系和活动之间的冲突。战争也更接近政治一些，而政治则可视为大规模的商业活动。再说，政治孕育着战争——战争的轮廓已经初具雏形，在政治中隐然存在，就像生命的属性已存在于胚胎之中一样。

区　别

最本质的区别在于战争不是针对无生命的东西来行使意志力，这一点与机械技艺不同；战争意志也不针对活的、但被动而易于顺服的东西，与在精美艺术中运用的智力和情感不同。在战争中，意志是用来针对能做出反抗的活的对象。显然，用于艺术和科学的集智慧之大成并不适合用于战争。同样，力图从战争中发掘类似于从无生命物体所能找出的那些规律，只会导致一个错误接着另一个错误发生。然而，正是那种机械技艺是人们认为可以在战争艺术中进行效仿的。精美艺术是无法效仿的，因为它们本身无足够的规律和规则可遵循。迄今为止，系统阐述这些规律和规则的做法带有很大的局限性和片面性，不断遭到思想、情感和习俗的冲刷而消亡殆尽。

本书的一部分目的是考察战争中活的力量之间的冲突，探讨这种在战争中发展并解决的冲突是否服从一般规律，这些规律是否能成为行动指南。有一点很明确：这个问题跟别的没有超出人的智能范围的问题一样，只要努力探索就能得到阐明，它的内部构造就能在某种程度上为人所知。仅此一点就能把理论概念变为现实。

第四章　方法常例

方法常例在战争中起着极其重要的作用，为了简单明了地阐述方法常例，我们得了解一下驾驭行动世界的一套逻辑层次，这种逻辑层次就像各司其职的层层权力机构。

法则是一个宽泛的概念，既适用于感知，又适用于行动。从本义上看，法则显然包含着主观、武断的因子，但它恰好表达了人与环境本质上不得不遵循的东西。如果把法则看作认知问题，它就是事物和其作用之间的关系；如果把法则看作意志问题，它就是决定行动的因素。从这一点看，法则同法令和禁令相似。

原则也是行动法则，但没有法则那样刻板而无法变更，原则只代表法则的精神和内涵。法则的刻板形式无法囊括大千世界的方方面面，而原则的运用留有较大的判断余地。无法实施原则的事情必须通过判断来解决，所以，原则对采取行动的人来说，可以成为一种基本依据，一种行动指南。

如果原则以客观真理为依据，放之四海而皆准，它就是客观的；如果原则里面有来自主观的考虑，它就是主观的，通常被称为一种行为准则。处于后面这种情况的原则只对使用它的人有价值。

规则一词在使用中往往具有法则意义，与原则相同。我们都知道这样一个谚语：“每条规则都有例外”，但没有“每条法则都有例外”之说。这表明在执行规则的时候，人有更大余地的解释权。

从另一个层面看，“规则”是用来表明“手段”，也就是通过明显的个别相关特征来认识深藏不露的真理，这样做可以使我们从这个特征得到行动的基本规律。游戏中的规则就是如此，数学上的捷径也是这个道理。

细则和守则也是对行动的规定，但涉及的是大量次要、具体的情况，对一般法则来说过于繁杂、过于琐碎。

最后还有“方法”或“行为方式”。这是从多种可行性办法中挑选出来的、不断重复使用的常规步骤。如果由方法来规范行动，而不是用一般原则或个别细则来规范行动，这种方法就成了常例。这点必须有一个前提，那就是用这种常例去处理的各种情况必须本质上是相似的。由于不可能各种情况都相似，至少相似的必须尽可能多一点。换句话说，设计出来的方法步骤必须适用于大部分可能出现的情况。常例不是建立在个别前提上，而是建立在类似情况的一般规律上，常例的目的是提出一种适用于一般情况的真理。如果能连贯一致地反复使用这个真理，很快就能达到机械般熟练程度，让事态自动地朝正确的方向发展。

在战争理论中，法则无法操控感知，因为战争中错综复杂的现象没有规律可循，而有规律的现象又没有那么复杂，简单的真理在这种情形中比法则更有用。一个简单的观点和平白易懂的语言就足以表达的东西，把它们复杂化就太学究气、太矫揉造作。战争理论也不可能把法则概念运用到行动中去，因为战争现象多种多样、变幻莫测，普遍到足以称为法则的指定程序是不存在的。

原则、规则、细则和方法对战争理论来说是不可缺少的一部分，是形成战争理论中固定条文的必要概念，因为真理是以浓缩的形式存在于这些固定条文中。

这些概念最经常出现在战术中，也就是在战术中战争理论最有可能形成固定条文。运用战术原则的例子有以下这些：不遇到紧急情况，骑兵团不应该用来对抗队形完整、军纪严明的步兵团；敌人不到射程内不应该开火；在战斗中，要为最后阶段保存实力。不能在任何具体情况中教条地使用这些概念，但指挥官始终要记住它们，以便当这些概念所包含的真理可以起作用时，不至于弃而不用。

敌营在非正常时间生火烧饭意味着敌人准备拔营离开。在战斗中有意暴露军队行踪表明敌人在佯攻。这种揣度真理的方法可称为规则，因为这是从明显的个别情况中推断出敌人的意图。

如果规则告诉我们敌人一旦开始撤退炮兵我们就必须立即进攻，这是因为这个个别现象暴露了敌情：敌人准备放弃战斗。敌人这样做的时候无法进行顽强抵抗，甚至根本避不开本可以避开的攻击。

当军队通过训练把细则和方法当作行动准则加以掌握，那么，为战争做准备的理论就能在作战中发挥作用。所有关于编队、训练和野战的有效指示都是细则和方法。训练指示主要是细则，野战勤务手册主要是方法。实际作战方式就是建立在这些东西的基础上，人们把这些细则和方法当作常规程序接受下来，所以它们也应该属于战争理论的一部分。

在使用军队时，有些活动仍然有赖于自由选择。对此不能规定细则或指定性守则，因为细则限制了自由选择的余地。不过常例就不同了，常例代表的是执行任务的一般方法，正如我们说过的，这种方法是建立在一般盖然性基础上，它可以把原则和规则的主导作用贯彻到实际运用中去。正因为如此，常例只要不被曲解为绝对死板的行动规定（体系），而是成为一般惯例中的最好方法、捷径和可以替代个别决定的选择，那么，在作战理论中就应该占一席之地。

常常因为敌人阻挠我们了解影响我方部署的所有情况，或因为没有足够的时间去充分收集情报，很多时候行动不得不以猜测为依据或在盲目状态下进行，这样的话，在战争中频繁使用常例也就必不可少，并且不可避免。我们即使了解所有情况，这些情况的内在含义和复杂性也可能不允许我们采取必要措施来应付。所以，十分有限的可能性始终决定着我们的步骤。我们要记住每一个战例中都暗藏着无数的次要因素，唯一可行的办法就是处理每一个具体情况时不忘兼顾其他情况，根据一般的和可能的情况进行部署。最后，我们不要忘了随着低级别的军官人数不断增加，他们的洞察力和判断力就变得越来越不可信。难以指望有些军官除了从细则和经验中学到点东西之外会有更强的理解力，这种人就必须得到相当于规则的常规方法帮助。这些可能稳住他们的判断力，防止他们做出稀奇古怪的错误计划。在要付出昂贵代价才能得到经验的战场上，这种有悖常理的计划会造成巨大的危险。

常例除了不可避免之外，也有正面的好处。反复使用常例能训练出强有力的、准确而可靠的指挥能力，减少阻力，让机器运转得更加顺利。

总之，军事行动所涉及的级别越低，常例的使用就越频繁，就越不可缺少。随着级别提高，用得会越来越少，到了最高级别那里，常例根本不会再使用。所以，常例在战术中比在战略中起的作用大。

战争，从它的最高级形式来看，不是由大同小异的无数次要事件构成的，处理得好坏取决于方法好坏；而是由单个的、起决定性作用的行动组成，而这些行动必须分别处理才行。战争不是麦田，在麦田里人们无须考虑单个的麦茎，收割的好坏取决于镰刀的好坏；战争更像一片长满大树的土地，砍伐树木时，要根据每根树干的特点和生长情况来及时调整斧头的使用。

常例在军事行动中能达到的最高层次当然不是由军阶决定的，而是由每一个具体情况的性质决定的。高级军官较少受常例的影响，仅仅因为他们的行动范围更全面更广泛。统帅使用战斗队形、先遣部队、前哨来进行部署，这些方法约束的不仅是标准的部下，在某些场合，约束的还是他本人。当然，这些方法也许是他根据具体情况自己创造的，如果是基于军队和武器的总体特征，这些方法也可以成为理论研究的对象。不过，如果通过任何方法制订的战略计划是一成不变的，就像从机器生产出来的产品一样，那是完全不可取的。

只要没有令人满意的理论，没有对作战方式进行过充满睿智的分析，常规方法甚至会在最高军事级别泛滥成灾。有些指挥官没有机会接受教育来提高自己的水平，没有机会与社会高层和政府部门打交道。虽然他们有常识，排斥学究和批评家的不切实际、矛盾重重的观点，但他们不知道如何应付这些观点。他们的见识仅仅来自经验，正因为如此，他们偏爱采用经验习得的方法，即使有的战例需要自由发挥和单独处理。他们模仿最高指挥官特有的行为方式——不自觉地造成一种新的、一成不变的模式。腓特烈大帝的手下将军常用所谓的斜行进战斗队形，法国大革命时代的将军总是采用绵长战线的迂回机动方法，而波拿巴手下的将领喜欢集中兵力进行血战，我们从这些重复战术中看到了一种现成的方法，看到就连最高指挥官也摆脱不了常例的影响。如果有一种较为完善的理论帮助人们对作战方式进行研究，让高级将领的智力和判断得到培养和训练，常规方法就不会在上层泛滥成灾。那些必不可少的常例至少会有理论根据，而不仅仅流于简单的模仿。一个伟大的指挥官不管做得如何出色，他的工作总是带有主观色彩。如果他呈现出某种特殊的作战风格，那也是在很大程度上反映了他自己的个性特征，那些模仿他风格的将领却无法在这种风格里糅进自己的个性。

然而，从作战方式中剔除主观性的常例或个人风格既不可能，也不正确。相反，应该把这种个人风格看作是战争总的特性对个别现象施加影响的一种表现，这种影响如果没有被现存理论预见到或考虑到，就没有其他途径可以充分地为人所知。法国大革命的战争有其特殊的打法，这不是再自然不过的事实吗？又有哪一种理论能预先涵盖它的特点呢？但如果这种从具体战例中发展出来的风格比导致它出现的局势活得长，这是很危险的，因为情况正在不知不觉中发生变化，这种风格实际上已经过时。理论就应该用明了易懂的理性批评来防止这种危险死灰复燃。1806年，普鲁士的将军们，如路易亲王在扎耳费尔特，陶恩青在耶拿附近的多恩堡山，格劳韦尔特在卡佩伦多夫的一侧，鲁什尔在另一侧，都因沿用了腓特烈大帝的斜行进战斗队形而遭致全军覆没，这不光是一个作战风格已经过时的例子，而且是常例导致想象力相对缺乏的一种表现。其结果是霍恩洛厄领导的普鲁士军队遭到史无前例的彻底惨败。

第五章　批评性分析

理论真理总是通过批评性分析而不是通过教条来发挥其对现实生活的影响力。批评性分析是把理论真理运用到现实事件中，它不仅缩短了理论与现实之间的差距，而且通过反复使用，使人们开始熟悉这些真理。我们已经为理论建立了一种标准，现在应该为批评性分析建立一种标准。

我们必须把批评性分析跟对历史事件的平铺直叙区分开来，后者只是把事实一个接一个地叙述一遍，至多不过涉及事实之间最直接的因果关系。

批评方法包含了三种不同的智力活动。

第一种就是对有歧义的事件进行发掘和解释。这是严格意义上的历史研究，与理论大相径庭。

第二种是对其结果追本溯源，这才是严格意义上的批评性分析，是理论的基础。理论中要定义的、要支持的，或仅仅依据经验要描述的部分都只能用这种方式处理。

第三种就是对所采用的手段进行研究和评估，这最后一种也就是真正的包含赞成和指责的批评。在这里，理论是用来为历史服务的，或不如说，是为了让人们吸取历史教训的。

最后两项活动是历史研究中真正的批评性方面，在这两项活动中，最重要的是对事物进行追本溯源，找到无可争议的真理。做这项工作千万不能半途而废，常常有人在得出武断猜测和假设后就止步不前了。

从原因推出结果往往受阻于不可克服的外在障碍,也就是真正的原因可能还不为人所知。这种情况在战争中比在生活的任何其他方面都普遍,战争中很多事实真相不得而知,其隐藏的动机更是叫人摸不着头脑。或许是指挥官有意隐瞒,也或许是由于这些事实转眼即逝,或纯属偶然发生的事件,历史上根本没有有关它们的记载。这就是为什么批评性叙述必须与历史研究携起手来。即使如此,也可能由于原因和结果之间差距太大,批评家也很难断定所找到的结果就是已知原因的必然产物。这就必然产生鸿沟——也就是说我们在有些历史事件中得不到有用的教训。理论要求把研究进行到底,直到遇上这种鸿沟。在这样的地方,我们暂时不要做出论断。如果任意歪曲已知事实来解释结果,就给这些事实蒙上虚假的重要性色彩,这样做只会产生更严重的问题。

除了这个问题之外,批评性研究还面临严重的内在问题:战争中产生的结果不是出自一个原因,时常会有几个同时并存的原因。所以,不管你如何诚实客观地探索一系列事件的根源,这样做仍然远远不够,要做的是正确评价每一个可认定的原因。这就要仔细分析这些原因的性质,从这一点看,批评性研究就把我们带入真正的理论范畴。

批评性探索(也就是对手段的检验)提出了这样一个问题,即所使用的手段能产生什么样的特殊结果,这些结果是否与预期打算相符合。

要想知道这种手段能产生什么样的特殊结果,我们必须研究这些结果的性质——换句话说,我们又进入了理论领域。

我们已经知道在批评中极为重要的是找到毫无争议的真理。我们不能任意提出一个别人无法接受的假设就算了,别人也同样能提出说得过去的意见进行反驳，这样就会出现无休止的争论，得不出任何结论，得不到任何可以借鉴的经验教训。

我们也已知道对原因的研究和对手段的检验属于理论范畴，属于普遍真理的领域，光靠研究个别情况是无法到达这个领域的。如果真有一种实用理论，那么可以直接用理论得出的结论作为探索的依据，不必再从头研究。然而，如果没有这样一个理论标准存在，我们就必须把分析贯彻到底，直到找出本质特征。如果经常要这样做，作家就会陷入细节组成的迷宫无以自拔。他就会疲于应付手头冒出的无数事情，不可能给每件事以恰当的关注。结果为了限定研究范围，他的结论终究会中止于武断猜测。即使他本人不认为是武断任意的，但他人会这样看待，因为这种结论既非一目了然，也没有得到过证实。

总之，实用理论是批评的基础，没有这样一种理论存在，批评就失去了指导意义。有指导意义的批评必须有令人信服的观点，别人无法进行反驳。

如果认为理论可以涵盖所有抽象真理，批评家只要把研究的事项对号入座就行，那也是一种幻想。同样，如果规定批评决不能侵犯神圣的理论，那也是荒唐可笑的。创造理论的分析研究精神也应该用来指导批评家的工作，他们可能也应该时常进入理论领域，以便阐明任何特别重要的观点。如果批评沦落到对理论进行机械性运用，批评的作用就丧失殆尽。所有理论研究得出的正确结论——所有原则、规则和方法一旦变成教条，就逐步失去了普适性和所包含的绝对真理。这些东西本来是需要时才被使用，是否适用于每个具体情况，总是应该判断之后再决定。批评家不应该把理论结论当作法则和标准，只应该像军人那样把它当作判断的参照。在战术上，普遍认为在标准战斗序列里，骑兵不能与步兵排成一行，而应该排在步兵后面；然而，仅仅因为别的部署形式不同于标准战斗序列就加以责难，这样做是很愚蠢的。批评家应该对这种违反规定的做法分析其原因，他没有权利照搬理论原则，除非那些原因不够充分。同样如此，如果理论说分散兵力进攻会降低成功的机遇，但当分散兵力并遭遇失败时，不作进一步分析就把失败的原因归于分散兵力，这是毫无道理的；或如果分散兵力进攻恰巧取得了成功，便断言原来的理论观点是错误的，这也是不明智的。批评精神中的探索本质都不赞成这两种做法。总之，批评很大程度上以理论家分析研究的结果为依据，理论已经确定的东西，批评家就不必再重新研究一遍，理论家的职能就是为批评家提供现成的研究结果。

当因与果、手段与目的紧密相连时，批评家在研究因果关系、使用手段是否得当方面的工作就要容易得多。

如果一支军队遭到偷袭，无法有序、合理地发挥它的力量，那么，这个偷袭的效果是无庸置疑的。如果理论认定围攻能取得更大的胜利，但获胜的把握不大，那我们就要问使用包围战术的将军是否主要是为了获得巨大的胜利。如果是，那么他就是做了正确的选择；但如果他使用包围战术只是想确保胜利，而且他的决定不是以具体情况为依据，而是以围攻的一般性质为依据，那么，他就是误解了他采用的手段的性质，犯了错误。

在这一类战例中，批评性分析和求证并不是困难的工作。如果只限于最直接的因果关系，事情就肯定比较容易。如果人们不考虑事态的整体情况，只研究直接的因果关系，研究出来的结果难免不流于武断。

但是战争与生活一样，其各个部分都是互相联系的，不管起因多么微不足道，导致的后果肯定会影响后面的军事行动，在某种程度上改变最后的结局，尽管改变得可能不大。同样，每一个手段都会影响到甚至是最终的目的。

只要有价值，我们可以追溯一个原因造成的诸多结果。同样，评价一个手段也可以不仅仅以直接目的为基准。目的本身可看作是下一个更高目的的手段。于是，我们可以对一连串的目的进行探讨，直到最后一个其必要性不言而喻的目的出现。在许多战例中，尤其是包括那些决定性的大型军事行动的战例，应该一直考察到最终目的，也就是导致和平的目的。

这个进程的每一步都会有新的判断基础。在一个层次上看似正确的判断，到更高的层次就会显得不合宜。

在对军事行动进行的批评分析中，寻找原因和检验手段是否适合要达到的目的是同时并进的，因为只有通过对原因的寻觅，才能找到值得研究的问题。

对这个连锁反应的探究，无论是向上还是向下，都会遇到很多的困难。事件与我们追寻的起因之间距离越大，同时要考虑的、夹在其中的原因就越多。这些原因可能对事件产生的影响必须确定并有所顾及，因为事件越大，影响事件的力量和情况就越广泛。我们查明了战斗失利的原因后，也知道了这个失利后果影响整个战争结局的原因，当然只知道其中一部分原因，因为最后结局还受到其他原因的影响。

在对于手段的分析中，如果要从更全面的观点来看，我们会同样遇到诸多问题。目的越高，所涉及的手段就越多。所有军队都在同时追求战争的最后目的，所以我们必须最大范围地把所有发生的和可能会发生的一切都考虑在内。

我们发现这有时候会造成研究领域过大、过于复杂，我们很容易迷失方向。会产生许多对没有发生但可能会发生的事情的猜测，但这些事又不能不加以考虑。

1797年3月，波拿巴和意大利的军团从塔利亚门托河出发去迎战查理大公的军队，目的是赶在奥地利在莱茵河的援军到达之前逼迫查理大公与他们决战。如果我们只考虑最直接的目的，波拿巴挑选的手段是正确的，其结局也正好说明了这点。大公的军队实力太弱，只在塔利亚门托河作了一次抵抗。他发现敌人的实力和势在必得的决心后，就放弃了该地区和诺里肯阿尔卑斯山口。波拿巴该如何利用这次胜利？他是不是该朝奥地利帝国的中心地带挺进，援助莫罗和霍舍领导的两支莱茵河军团进攻，并与他们紧密配合？波拿巴正是这么想的，从他的角度看没有错。但批评家可能看得更远——法国督政府官员可以看到，也应该已经注意到莱茵河战役六星期后才会打响。从这个立场上看，波拿巴越过诺里肯阿尔卑斯山口的举动就是毫无道理的险着。如果奥地利人把大量预备兵力从莱茵河调到施蒂里亚，查理大公就能借助这支援军进攻意大利军团。不仅军团会遭到毁灭性打击，整个战役也会一败涂地。波拿巴到菲拉赫时就意识到这点，欣然签署了莱奥本停战协议。

如果批评家站得更高，看得更远，他就能看到奥地利人在大公的军队和维也纳之间没有预备兵力，意大利军团的推进可以对奥地利首都本身构成威胁。

我们假设一下波拿巴知道奥地利首都不堪一击，他自己相对于大公的优势甚至在施蒂里亚就已经决定了，那么他向奥地利心脏迅速推进就不是没有意义的。这个进攻的价值就只取决于奥地利人是否愿意守住维也纳。他们如果不愿意失去首都，就会接受波拿巴提出的任何议和条件。对波拿巴来说，威胁维也纳就可看作他的最终目的。如果波拿巴预见到这点，批评家就没什么好说的了。但如果对这一点仍有疑问，批评家就应该更加全面地看问题，问一问如果奥地利人放弃维也纳，退回到仍在他们手中的广阔的疆域怎么办，这就不可能不提到莱茵河上两军相遇的问题。在莱茵河，法国人在人数上占绝对优势——13 000人对8 000人，胜利无疑属于法国人。然而，问题又出现了，法国督政府会如何利用这场胜利？法国人会长驱直入奥地利辽阔的疆土，摧毁奥地利的实力，彻底打垮这个帝国，还是满足于占领大片土地作为讲和的条件？在决定督政府的选择之前，我们必须弄清楚这两种打法可能产生的后果。假定研究的结果表明法国人兵力太弱而不足以彻底摧毁奥地利，如果执意要这样做的话，局势可能会急转直下，哪怕是占据奥地利的大片土地都会使法国人面临无法应付的战略问题。这个观点势必会影响到人们对意大利军团处境的评价，寄予它以较小的期望。显然波拿巴看到了这点，因此，虽然他注意到大公一筹莫展的处境，但他还是签署了《福米欧广场和约》，和约中奥地利做出的最大牺牲不过是丢失几个即使是最成功的战役都难以收复的省份。如果法国人不是考虑到下面两点，他们甚至不会想到去要《福米欧广场和约》中那点不大不小的好处，也就不会把和约中的条件作为他们进攻的目标。第一点就是奥地利人如何评价两种可能出现的后果。尽管在两种情况下，奥地利人都有最后获胜的可能，但奥地利人会琢磨，他们做出的牺牲也就是把战争继续下去值得吗？因为继续战争的代价完全可以用一个条件不太苛刻的和约来避免。第二个考虑是奥地利政府是否愿意冷静思考，彻底地看清法国的胜利后面隐藏着很大的局限性，而不是被一时失利弄得丧失斗志。

这两种考虑中的第一种决不是随便想想而已。相反，这种考虑有着决定性的实用价值，只有在想取得彻底胜利的时候才会有这层考虑。通常也正是这层考虑阻止了人们实施这样的计划。

第二种考虑同样也是必要的，因为战争不是针对抽象的敌人，而是针对具体的敌人，我们都必须牢记这一点。虽然波拿巴对由他的方法激起的威慑力信心十足，但大胆如斯，他肯定还是懂得战争针对的是具体的敌人这一点的。同样的信心把他于1812年带进莫斯科，可惜在那里他丧失了这种信心。在几次大战发生的过程中，威慑力已有所减弱。但在1797年，威慑力仍有先声夺人之势，顽强抵抗到底的秘密还未被人发现。不过，哪怕就是在1797年，正如我们所见到的，如果波拿巴没有意识到这里面包含的风险，没有选择签署好处不大的《福米欧广场和约》，他的大胆就可能产生相反的结果。

我们现在可以停止对这个战例的分析了。目前为止所谈到的已足以表明当批评性分析扩展到最终目的时，或换句话说，当考虑到必然导致最终目的实现的重大决定性措施时，批评性分析涉及的内容有多么全面广泛，有多么复杂困难。由此可见，对事物除了可以产生理论认识之外，天赋也大大增加了批评性分析的价值，因为要指明事物之间的相互联系，要在无数的相互联系着的事物中找到哪些是最基本的，这主要依靠天赋的作用。

但天赋还能派上别的用场。批评性分析不仅是对实际使用的手段进行评价，而且是对所有可能使用的手段进行评价——首先得构想这些手段，也就是要发明出这些点子。如果没有更好的可替代的手段提出来，我们终究不能指责已经使用的手段。尽管在大多数情况下，可能使用的手段并不多，但不能否认，列举它们并不是仅仅对现存事物进行分析，而是一种不能按标准定制的工作，因为出点子是创造性思维活动。

我们决不是要说，用少数几个简单实用的方案就能摆平一切，就算是真正天才的表现。尽管常常有人认为迂回攻占阵地的打法是天才的发明，但在我们眼里这是荒唐可笑的。然而，这一类个性化创造性评价还是有必要的，这些评价大大地影响了批评性分析的价值。

1796年7月30日，波拿巴决定放弃对曼图亚的围攻，以迎击前来解围的维尔姆塞尔，并集中兵力各个击破了被加尔达湖和明乔河隔开的维尔姆塞尔的军队。波拿巴这样做是因为这是走向决定性胜利的万全之策。事实上是真的取得了胜利，后来敌方几次试图为曼图亚解围，都被波拿巴一次又一次地打败，以同样的方式而且战果一次比一次辉煌。大家众口一致地称赞不已。

可是，在7月30日，波拿巴选择这个作战方针时就不得不放弃攻进此城的全部希望，因为这样做不可能保住攻城辎重，而在这个战役中他不可能搞到第二套辎重。事实上，围攻变成了纯粹的封锁，本来如果坚持围攻，该城在一星期内就可能沦陷，可这一次却坚守了六个月。尽管波拿巴在野战中战绩赫赫，这场围攻战却是一个遗憾。

批评家想不出更好的抵抗援军的办法，只能把这种打法归结于不可避免的无奈。可惜的是在战壕后面抵抗前来增援的军队已成为名声不佳的战术，无人想到去使用。但实际上在路易十四时代，这个战术屡试不爽，成为一时兴起的时髦打法。可在一百多年后，人们甚至都想不起权衡一下这种方法的利弊。如果考虑过使用这种方法的可能性，通过对局势的细致观察就会发现，波拿巴把世界上最精锐的4万士兵放在曼图亚攻城工事防线后面，如果工事足够坚固的话，波拿巴没有多少理由害怕维尔姆塞尔领导的前来解围的5万奥地利援军，防线甚至没有多少遭到攻击的危险。现在不是详谈这个问题的时候，我们相信所说的已足够表明这种打法值得关注。我们不知道波拿巴本人有没有考虑过这个计划，在他的回忆录和其他出版物中没有提及，后来也没有批评家涉及它，因为他们已习惯于把这种打法排除在考虑之外。重新把这个手段提出来也不是什么了不起的事，只要不流于俗套就能想到。我们应该想到这个打法，并拿它与波拿巴实际使用的做对比，无论比较的结果如何，批评家都应该去进行比较。

1814年2月，波拿巴在埃托基、香波贝尔、蒙米赖和其他地方击败布卢彻后便撇下他，转而攻击施瓦岑贝格，在蒙特罗和莫蒙将后者打败。全世界都对波拿巴的战果钦佩不已。他忽东忽西地快速调动自己的主力，巧妙地利用了联军分散兵力的错误。人们认为，如果这种战绩非凡的四面出击没能挽救他，那么至少也不是他的错。没人问过如果他没有撇下布卢彻，没有转向施瓦岑贝格，而是不停地攻击布卢彻，一直把他逼到莱茵河会是什么结果。我们相信如果那样的话，整个战役的局面会大为改观，联军不再可能直捣巴黎，而是会退到莱茵河东岸。我们不要求别人同意我们的观点，但一旦有人提出另一种打法，批评家肯定要对此加以探讨，这是任何军事专家都不会反对的。

另一种打法在这个战例比在上一个战例更显而易见，然而，没人想到这种打法，因为人们执有偏见，盲目地遵循线性思维方式。

虽然批评家觉得有必要提出更好的打法来代替受到责难的打法，但却造成了这样一种批评盛行：批评家认为他只需要提出一种他自己觉得更好的打法，却不需要提出证据来证明它。结果不是每个人都赞同。其他人也如法炮制，不经过任何探讨就争论不休。整个战争文献资料都充满了这一类东西。

当手段的优点不足以排除所有的疑虑，我们就必须找到证据来证明它们。要把每个手段进行评估，以目的为标准把它们的特殊优点进行比较，找到最简单的真理。这样才能停止争议，或至少产生新结论，否则争论就会无休无止。

比如在第二个战例中，我们不满意事态是那样发展的，想要证明如果波拿巴咬住布卢彻不放，而不是转向进攻施瓦岑贝格，他的处境要好得多，我们可以依靠以下几点简单的真理：

1. 一般来说，执着地朝一个方向进攻比领着军队东奔西跑、四面出击要好得多，因为调遣军队会浪费时间；再说，在敌人遭到打击后损失惨重、士气低落的情况下，有望取得新的胜利。这样的话，所获得的军事优势能得到充分的利用。

2. 虽然布卢彻相比于施瓦岑贝格实力较弱，但他的冒险精神使他更重要。他是轴心，能把其他军队吸引到他这边来。

3. 布卢彻的损失已经达到严重失利的程度，波拿巴相对于他占了绝对优势，他毫无疑问会退回到莱茵河，因为那一线没有能扭转乾坤的预备兵力。

4. 波拿巴其他的胜利都不可能给联军造成那么大的震惊效果，叫他们一想起来就不寒而栗。施瓦岑贝格的参谋部都是一些胆小怕事、优柔寡断的人，如果布卢彻失利，不会不叫他们慎重对待。他们对符腾堡储君在蒙特罗遭受的损失、维特根斯坦伯爵在莫蒙遭受的损失可以了解得很清楚，但布卢彻的失败就不一定了，因为他的队伍远在马恩河和莱茵河之间且战线中断，谣言只会像雪崩一般朝施瓦岑贝格王子涌过来，叫他不知所措。波拿巴3月底在维特里的孤注一掷就是在考较战略包抄的威胁给联军造成的影响，这显然是实施恐怖效应。但那时情况就完全不同了，波拿巴已在拉昂和阿尔西败北，布卢彻和施瓦岑贝格已胜利会师，人数达到10万人。

当然，不是所有人都赞同这些看法，但他们至少不能反驳说："波拿巴朝莱茵河挺进就是在威胁施瓦岑贝格的基地，所以施瓦岑贝格会威胁巴黎，也就是波拿巴的基地。"我们提到的上述理由表明施瓦岑贝格压根没想过朝巴黎进发。

我们再就上述1796年的例子来谈谈这个问题。我们会说波拿巴采纳这个计划是因为他认为这是击败奥地利人的最好保证。即使是真的，但结果还是空欢喜一场，无法真正撼动曼图亚的根基。我们的建议则更有可能使曼图亚难逃一败。不过，即使我们站在波拿巴的立场，不认为这种建议的打法更有望获胜，我们也得对比一下这两种打法：一种获胜的把握性较大，但用处不大；另一种获胜的把握性较小，但起的作用很大。如果从这个角度看问题，胆大的肯定会选择第二种作战方案；可是从表面上看已经发生的事恰恰相反。波拿巴不缺胆魄，但他不能像我们这样可以借鉴经验彻底全面地考虑问题，看到事件的结果。

批评家时常需要借助于军事历史来研究作战手段，因为在战争艺术中，经验比抽象道理更重要。历史证据有它特定的条件，这一点我们会用单独的章节讨论。遗憾的是人们很少注意这些特定条件，引述历史事件往往使问题更加混乱。

另一个重要问题现在应该考虑一下：批评家在用更开阔的视野（包括对战斗结果的了解）来评估某一特殊战例时究竟可以无拘无束到什么程度，或甚至义不容辞到什么程度？或者说，何时何地他可以撇下这些知识，把自己放在指挥官的位置上来考虑问题？

如果批评家要发表溢美之词或求全责备，他就应该把自己放在指挥官的位置上。换句话说，他应该对指挥官知道的一切了然于胸，知道影响指挥官决定的所有动机，无视指挥官不知道也不可能知道的东西，尤其是结局。然而，这只是理想化的想法，从来没有实现过。事情的起因在分析家眼里和在当事人眼里完全不一样。我们现在已不知道大量影响当事人决定的不太重要的具体情形，许多主观动机没有公布于世，只能在指挥官或他们身边人的回忆录那里找到些许片段。回忆录对这类信息只是泛泛地提一下，或许只是谨慎地提一下，难以做到坦诚相见。总之，批评家缺乏指挥官脑子里想的许多东西。

可是，要批评家把脑子里的多余信息关闭更是不容易做到的事情，只有涉及到不造成决定性影响的偶发事件时才有可能不去考虑它们，一旦涉及基本问题，要做到这点非常困难，事实上没有人真正完全做到过。

让我们首先考虑一下结局。除非结局纯属碰运气，要想使对结局的了解不影响一个人对事态的判断几乎是不可能的。我们从结局的角度看待事物，在某种程度上，是因为知道结局才对事物了解透彻、充分赏析。军事历史在各个方面都是批评家的良师益友，批评家自然会从全面的角度看待所有具体事件。所以，在某些情况中，他哪怕刻意不去想结局，他也不可能成功地做到。

不仅对待结局（后来发生的事）是如此，对待事前发生的事——也就是决定行动的因素也是如此。对事情的起因，批评家通常比当事人了解得要多。人们认为批评家可以不考虑那些，但他做不到。这是因为对事前和当时情况的了解不只是以确定的信息为依据，而且还要根据大量的推测或假设。除开纯粹的偶然事件，几乎所有的信息都有猜测和假定在先。只要没有确切情报出现，就只有用猜测和假设填补空白了。后来的批评家即使知道事前和附随的情况，当他设身处地考虑在行动时自己会认为未知情况中哪些可能性较大时，也不应该受多知道的这部分资料的影响，现在我们应该理解这一点了。可是我们认为，正如无法回避结局对批评家的影响，他们也无法在判断分析中完全抛开知情者的身份所发挥的作用。

所以，如果批评家想赞成或指责某个特殊战例，他只能部分地置身于当事者的处境。在许多情况下，他这样做已足够满足现实要求，但我们不要忘了有时候却完全不能满足。

而批评家完全把自己放在指挥官的位置上既没有必要，也不可取。战争与其他技术活一样，需要受过训练的禀赋。这种精湛技术可大可小，如果技艺高超，很可能就比批评家要强。有哪个批评家敢说自己可以与腓特烈和波拿巴相提并论？因此，既然我们无法跟出类拔萃的天才并驾齐驱，我们就得允许自己利用比他们更广阔的视野。批评家不应该像对待四则运算那样去求证指挥官的解决方案，我们不如以欣赏的姿态看待指挥官的成功，他如何顺利地操控事态的发展，他如何发挥高超的天才技艺。至于天才所预见的事物本质的内在关系，批评家应该实事求是地进行总结归纳。

在判断哪怕是最小的天才之举时，批评家有必要全面地看待问题。这样的话，在掌握了某些客观原因之后，他可以把主观臆断压缩到最小程度，避免用自己有限的尺度做出自以为是的判断。

批评如果是站在较高的立足点上，根据对问题的全面了解来评判是非，是不会引起众人的不满的。如果批评家刻意突出自己，虽然自己是通过对事件的全面了解才得到了智慧，却说成那是因为自己有能耐，这就会招致别人的反感。尽管这种骗人的把戏不堪一击，但有虚荣心作祟就会有人干得出来。更多的情况是批评家并不是有意要自吹自擂，但除非他注意撇清，不然的话，性急的读者就会怀疑他有这种倾向，他的批评性判断就得不到公认。

如果说批评家指出腓特烈或波拿巴式的人物犯了错，这并不意味着批评家本人不会犯此类错误。他甚至可以承认他要是身临其境，恐怕犯的错更大。这只是说他可以从事态发展的模式中辨认出这些错误，并认为以指挥官的聪明才智也应该看出这些错误。

这种判断既建立在事态发展模式的基础上，也建立在结局的基础上。但结局还可能对判断施加一种完全不同的影响——如果只用结局来判断军事行动的是非的话。这可以称作根据结局来做出的判断。乍一看，这种判断完全不能让人接受，但实际上并非如此。

当波拿巴于1812年进犯莫斯科时，关键的问题是占领首都和其他一切已发生的事件能不能迫使亚历山大沙皇求和。1807年弗里德兰会战之后，沙皇就求和了。1805年和1809年奥斯特利茨会战和韦格勒姆会战后，弗朗西斯皇帝也主动求和。然而，如果没有在莫斯科签订和约，波拿巴就别无他法，只能撤退，这就成为一种战略失败。我们不管他是如何抵达莫斯科的，不管在进军莫斯科的过程中，他是否失去了一些迫使沙皇下决心求和的机会。我们也不管法军撤退时的情景有多可怕（其原因可以追溯到整个战役指挥失利）。关键问题依然存在：不管进军莫斯科所取得的战果如何辉煌，还是不能有把握把沙皇恐吓到签订和约，即使撤退时没有造成全军溃败，这仍然是战略上的一大失败。如果沙皇签署了不平等的和平条约，那么，1812年的战役就可以与奥斯特利茨会战、弗里德兰会战、韦格勒姆会战相提并论。反过来，假如这几次会战没有导致和平的到来，它们对波拿巴来说也可能像1812年的战役一样是一场灾难。且不论波拿巴这位世界征服者的力量、技巧、智慧有多厉害，最后这个致命问题依然如故。我们难道应该不考虑1805年、1807年和1809年的战果如何，只研究了一番1812年的战役后就宣称这些战役都是鲁莽行事，其胜利也是违背了自然法则吗？我们应该认为在1812年，战略上的公平原则终于战胜了碰运气吗？这是一个很勉强的结论，一个连一半证据都没有的主观臆断，因为我们不能通过追踪事态之间的相互联系来看到失败君主们的决定。

然而，我们更不能说1812年的战役本应该像别的战役那样取得胜利，不能说这场战役的失败是外部原因造成的，亚历山大的顽强意志可不是外因。

下面的说法不是再自然不过吗：在1805年、1807年和1809年，波拿巴对敌人的估计是正确的，而在1812年对敌人的估计却是错误的。在早期战例中，他指挥英明；在后来的战例中，他却屡屡失误。我们这样说是因为结局证明了这点。

正如我们所指出的那样，在战争中，所有一切行动的目标就是取得可能有的胜利而不是肯定的胜利。究竟有多大胜算在任何情况下都取决于命运、运气或随便你怎么称呼的东西。人们不禁要问是不是越少依靠命运越好，但只是就具体情况而言——换句话说，在某个具体战例中，运气的成分越小越好。但我们不能习惯性地采取保险的打法，我们的理论分析将表明，这样做是犯了大错。有时候，最大限度的敢作敢为是智慧的最高境界。

指挥官本人的长处，继而他的责任心在运气面前似乎变得毫无用处。尽管如此，我们不能否认如果他们碰中了运气，我们会发自内心地感到满意；如果他们触了霉头，我们却会感到智力上的不快。这就是从胜利与否推想判断是非对错的全部意义所在。

显然，成功的快乐和失败的失意来自对某种复杂联系的模糊感知。这种联系用心灵的眼睛看不见，存在于成功与指挥官的天赋之间。我们很乐意设想这种联系。事实证明的确如此，因为如果在同一个人身上反复出现成功和失败的现象，我们会越来越感同身受。因此战争中的运气比赌博中的运气要高级。只要一个成功的将军对我们没什么害处，我们乐得追寻他的事迹。

批评家在人类智力和信念范围内把一切分析完毕后，凡是深藏于事物之中看不见摸不着的神秘联系，就只能让结果来说明了。一方面批评家应该保护好这种无法解释的高级法则的运作结果，不让它受到没有根据的观点侵害；另一方面应该不赞成对它的滥用。

事态结果让我们了解了许多人类推理无法发现的东西。这意味着结果主要可以用于揭示智力和心理的力量及作用，因为对这些因素最不易进行可靠的评估，也因为这些因素与意志密不可分，能够轻易地控制意志。只要决定是建立在恐惧或勇气基础上，就无法进行客观的判断。因此，推理和盘算不可能用来决定可能出现的结果。

我们现在应该就批评家使用的工具即其术语说几句话，因为这种语言一直伴随着战争中的行动。批评性分析毕竟是行动之前的思考。因此，我们认为批评语言与战争中的思考应该具有相同特点，这一点非常重要。不然的话，这种语言就失去了实用价值，批评就会与批评所涉猎的问题脱节。

对作战理论进行思考时，我们说过作战理论应该用来训练指挥官的头脑，或不如说，指导对他的培养。理论不应该用来为他提供绝对正确的教条和体系，让他当作智力工具来使用。再者，如果说为判断战争中的具体问题而使用科学指南既无必要，甚至也不允许，如果说真理不会以体系的形式出现，如果说真理不是靠推理演绎得到的，而是直接通过心智的自然感知取得的，那么，这也是批评性分析的方式方法。

我们得承认，如果为具体情况定性太吃力，我们应该求助于理论中现成的相关原理。但正如在战争中一样，如果指挥官把这些原理融会贯通，而不是当作外在的、僵硬的教条来对待，就能更好地在战争中运用这些理论上的真理。所以，批评家不应该把它们当作外在的法则来运用，就像运用代数公式一样，每次用时都无须证明其适用性。我们要认识到这点，真理总是应当不言而喻的，理论只是用于提供更准确、更复杂的论据而已。所以，我们必须避免使用晦涩难解、模棱两可的语言，要使用平白易懂的语言和清晰明了的概念。

假如不能完全做到这点，至少它也应该成为批评性分析的目标。尽可能少用认知的复杂概念，不要把复杂的科学指南当作生产真理的机器，必须让不受条条框框约束的洞察力来阐明一切。

然而，这种神圣的灵感（如果我们可以这样称呼的话）甚少出现在批评性研究中。相反，虚荣心驱使那些批评家把研究当作一种思想的夸示。

第一种常见的错误就是把狭隘的体系当作至尊法典，把它们滥用到令人尴尬、难以容忍的地步。要看清这些体系的片面性一点不难，它们那所谓的永远正确也就不攻自破。不过，这里我们面临的问题是有限的，因为这些体系毕竟不多，危害性也相对小些。

另一种更为严重的威胁来自充斥这些体系的行话、术语和比喻。它们无处不在，像不法暴徒和散兵游勇一样四处骚扰。批评家即使不准备采纳某种体系（或许因为没找到他喜欢的，或者因为他还没走到那么远），也仍然会把体系中的一鳞半爪奉为圭臬，作为指责指挥官错误的依据。很少有批评家不用科学军事理论中的零星知识来支持自己的观点。这种军事理论中最不重要的部分——纯粹的术语和比喻，往往不是别的，只是批评论述的装饰品。不可避免的是，所有特定体系中的用词和术语一旦脱离了该体系的语境，被当作一般公理或至理名言来使用，就会失去它们本来的意义。

于是，这就造成了我们的理论批评文献缺乏易懂直白的语言，使用这种语言，作者至少知道自己在说什么，读者至少知道自己在读什么。相反，我们的文献充满了行话，留下了一个个方向不明的十字路口，让读者看不懂作者写的是什么。有时候这些书更糟糕，它们只是一些空壳，作者本人都弄不清自己的思想，只能用模糊晦涩的想法来安慰自己，这些想法如果用简单的语言来表达，肯定不会叫他自己感到满意。

批评家的第三大败笔就是炫耀自己的博学和误用历史事实。我们已经提到过战争艺术的历史究竟是什么，我们对史例和一般战争史的看法会在后面章节加以阐述。一个随便引用的史实有可能被人用来证明完全相反的观点。从遥远的时代和国度找出三四个例子，把它们从完全不同的情形中剥离出来，堆砌在一起，只会造成判断混乱，什么也证明不了。在光天化日下，它们只是一堆垃圾，但作者却拿它们来炫耀自己的博学。

这些含糊不清、似是而非、混乱不堪、主观臆断的概念究竟有什么实用价值？几乎没有。它们使理论从一开始就脱离实际，那些军事才能不容置疑的人只会把它们当作笑料。

如果理论能够简明直接地考察作战中的各种问题，确定能够确定的东西，不作虚假的声明，不把科学惯例和历史事实作为炫耀的资本，不与那些凭天赋作战成功的人脱离关系，那么，理论就不会出现上述的弊端了。

第六章　论史例

史例可以澄清一切问题，为经验主义科学提供最好的佐证，这在战争艺术中尤其如此，沙恩霍斯特将军[1]的战争手册是对实际战争最好的论述。他认为史例对军事艺术来说至关重要，他本人对史例的运用就非常成功。如果他不死于1813—1815年的战争的话，他有关炮兵部队的第四部分修改稿就能面世，就能更好地展示他对待经验时出色的观察力和指导方法。

然而，很少有人把史例运用得如此完美。相反，理论家使用的史例通常不是叫读者不满意，就是甚至叫读者摸不着头脑。所以，我们觉得有必要专攻史例运用得当不得当的问题。

毫无疑问，战争艺术的基础知识属于经验主义范畴。虽然在大多数情况下，这知识来自事物的本质特征，但就是这种本质特征通常也只有通过经验传达给我们。再说，这种基础知识的运用在各种具体情况中屡屡变化，不可能只从手段的性质完全确立其作用。

火药是军事活动的主要媒介，它的作用只能通过经验显示出来，而且人们还在不断地通过实验做更进一步的研究。

显然，炮弹在火药的推动下，其速度能达到每秒1 000英尺，能摧毁路经之处的任何生物。即便没有作战经验的人对此都不

1　沙恩霍斯特（Scharnhorst，1755—1813），普鲁士将军，在反拿破仑的战争中著名。——编注

会怀疑。但还有数以百计的相关细节决定着这种作用，其中有一些只能根据经验去认识。火药的物质效果不是唯一重要的，我们还关注其心理影响，这就只能通过经验去了解、去赏识。在中世纪，火器还是新玩意儿，制作很粗糙，比起今天，物质效果不甚重要，反而其心理影响要大得多。只有看到在波拿巴征服过程中训练和领导的军队——看到他们在凶猛无情的炮火下有多顽强，我们才可以了解被危险经历锤炼出来的部队可以达到什么境界。取得一个接一个胜利的骄人纪录使这支军队树立了用最高标准要求自己的高尚原则。如果只是在理论层面上去想象，这是难以置信的。然而，在欧洲仍有来自鞑靼人、哥萨克人、克罗地亚人的部队，只消几轮炮弹就能打乱阵脚。

可是，经验主义科学，包括战争艺术在内，不是总能为它们的论点找到历史佐证。一方面光是涉及的范围之广就已经足以把这点排除在外；另一方面不可能在每个细节上都能找到相对应的经验。在战争中，如果一种手段相当有效，人们就会再次使用它。经过反反复复地使用，这个手段就会变得时髦起来。于是，在经验的支持下，它就会成为广泛使用的手段纳入理论当中。理论一般性地参照经验，通常只是为了指出一种手段的根源，而不是为了核实证明它。

如果引述经验是为了否定正在使用的手段，为了证实一种没有把握的手段，为了引进新的手段，那就是另外一回事了。在这种情况下，历史中的具体事例就应该作为证据提出来。

仔细研究史例的运用可以让我们分清以下四点。

第一，史例可只用来解释某种思想。抽象的讨论毕竟容易遭人误解，或让人根本不能理解。如果作者害怕出现这种情况，他可以用史例来说明他的观点，在读者和作者之间搭一座桥梁。

第二，史例可用来表明一种理论的运用。史例可以给人一种机会，那就是揭示抽象理论框架无法容纳的所有次要情况的作用，实际上这就是理论与经验的不同。上述两种情况是纯粹的举例，下面两种情况则用作历史证据。

第三，我们可以用历史事实来支持自己的观点。如果只是想证明某种现象或效果的可能性，那么使用这种方法就足够了。

第四，也就是最后一点，通过详细叙述某一史实或列举若干史实可以推演出一条宗旨：证据本身便是证明。

使用第一点时，一般只需要简单提一下战例，因为人们只需要战例的一个侧面，历史真实性甚至都不是必需的：举一个虚构的例子都可以。当然，史例更具有真实感，能够使人们阐述的思想更生动。

使用第二点时，对事例的叙述应该更详细一些，但也不强求其真实性。在这个方面，我们只是重复对第一点所说的话。

使用第三点时，只要提及无可争议的史实，其目的通常就达到了。如果想证明壕沟阵地战在某种情况下是有效的，只要举出邦泽尔威兹阵地战[1]这个例子就行了。

然而，如果举例是为了证实一个普遍真理，就必须小心对待与问题有关的每一个方面，要根据情况详尽地叙述这些方面，把它们小心翼翼地收集起来，呈现在读者面前。做不到这点，就不足以证明这个真理，就要收集更多的事例提供所缺乏的证据。由此可以推断，无法准确地把握一个事例的细节时，人们就要用更多的事例来补救。

假如我们要根据经验证明骑兵应该放在步兵的后面而不是侧翼；或者，要证明如果没有人数上的绝对优势，在包围敌人时队伍太分散是极端危险的，不仅在战场上是这样，在战区也是如

1 1761年，腓特烈率普鲁士军队收缩到坚固设防的Bunzelwitz营垒，在俄奥大军面前死守熬过难关。——编注

此——换句话说，在战术上或战略上都是如此。就第一个例子而言，光举几个把骑兵放在步兵侧翼遭致失败的战例，和几个把骑兵放在步兵后面获胜的战例，那是不够的；在第二个例子里，只举里沃利战斗、韦格勒姆战斗、奥地利对意大利战区的进攻，或1796年法国人在德国战区的战役，也是不够的。我们必须准确地捕捉到所有情况和具体事件，来表明那样的阵地战和进攻战肯定会导致失败。论述的结论应该显明这些战例在什么程度上会惹人非议，这一点必须明确，因为一概加以否定反而得不到真理。

我们已经同意，如果无法就一个战例给出详细的事实，证据的不足就可用几个战例来弥补。这是危险的权宜之计，常常被人滥用。批评家不对一个事例进行翔实叙述，而只满足于蜻蜓点水般地举出三四个例子，给出一个貌似强大的证明。但有时候列举数个例子却什么也证明不了，比如，对一些反复出现的事情，别人也能轻易地引述一打例子得出相反的结论。如果有人拿出一打失败的例子来说明这是由于战败方多路进攻造成的，那我也能举一打胜利的例子来说明这一战术运用得当。这显然根本无法达成统一结论。

如果考虑到上述各种不同的情况，可想而知滥用事例是多么容易的事。

对一个事件轻描淡写地描述一番，而不是进行详尽的叙述，这就像雾里看花一样，根本分不清细节，从任何角度看都一样。这样的实例，事实上对相互对立的两方面意见都可以证明。道恩的战役在有些人看来是睿智和深谋远虑的范例，在另一些人眼里却是胆小怕事、优柔寡断的典型；波拿巴1797年越过诺里肯阿尔卑斯山口的进军被有些人当成敢作敢为之典范，但在另一些人看来却完全是鲁莽之举；波拿巴在1812年的战略失利被有些人归结于精力过剩，但在其他人看来是精力不济。众说纷纭，但我们知道为什么会有这么多相反的意见出现，这是因为人们对事态发展的模式有不同的解释。然而，这些相互冲突的意见不可能同时并存，总有一方的意见是错误的。

弗基耶尔[1]是一个出色的人，我们要向他致谢，因为他用丰富的事例让他的回忆录生色不少。他不仅记录了许多完全有可能被人遗忘的事件，而且他是第一个在抽象理论和现实生活之间进行有用比较的人，所引述的例子可以看作是在说明他的理论主张，并更具体地为这些主张定性。不过，对一个态度公正的现代读者来说，弗基耶尔立志要用史例来证明理论原则，实际上他基本做不到。虽然他有时候会详细叙述一些事件，但他无法证明他得出的结论是那些事件内在模式造成的必然结果。

蜻蜓点水般叙述历史事件造成另一种不利现象，那就是有些读者并不通晓这些事件，或不完全记得这些事件了，他们也就无法摸清作者的思路。这种读者没有选择，不是全盘接受作者的观点，就是对其观点无动于衷。

如果一个历史事件要被用作证据，按要求把它详细叙述给读者或重新构建给读者当然是很困难的。作者做这件事的时候，方法、篇幅或时间都不够用。然而，我们认为，就一个有争议的新观点而言，一个叙述详尽的事件比十个泛泛而谈的事件更有指导意义。对史实浅尝辄止的处理态度应遭到反对，主要不是因为作者装作在证明什么，而是因为他本人根本没吃透他所引述的史实，因为这种对历史粗浅的不负责任的处理导致成百上千的错误思想出现，导致虚假的理论出现。如果作者责无旁贷地证明他提出的新观点得到了历史的保证，毫无争议地来自

1 弗基耶尔（Antoine de Pas de Feuquieres，1648—1711），法国将领，著有《战争回忆录》。——编注

于事物发展的内在模式，这些情况就不会发生了。

一旦知道使用史例有多难，我们肯定会得出最显而易见的结论，那就是史例应该到近代军事历史中去寻找，只要这段历史是大家所熟悉的，并经过恰当评价过的。

在遥远的过去，很多条件都不一样，发动战争的方式也不同，所以，古代战争给不了我们多少实用教训。但战争史与别的历史一样，随着时间的流逝会使许多本来很清楚的次要因素和细节变得模糊，并失去了生动性和色彩。就像一幅画逐渐褪色变暗一样，最后留下的是多少有些随机的色块和孤零零的线条，而这些色块和线条却受到不恰当的重视。

如果审视一下近代战争的情况，我们会发现特别是就武器装备而言，与当今战争十分相似的近代战例主要是从奥地利王位继承战争以来的那些。虽然许多主要和次要情况已大大改变，但它们还是比较接近现代战争，具有指导意义。西班牙王位继承战争就完全不同了，火器的使用还停留在初级阶段，骑兵仍然是最重要的兵种。年代越久远，军事历史就越失去用处，内容也越贫乏空洞。古代历史毫无疑问是最无用的，内容也是最空洞的。

这种无用性当然不是绝对的，这只针对需要准确了解具体情况的问题，或针对需要了解改变战事的细节的问题而言。我们对瑞士人抗击奥地利人、勃艮第人和法国人的战争知之甚少，但就是瑞士人第一次强有力地展示了好的步兵团相对于优秀骑兵团所占的优势。粗粗看一眼雇佣军头目时代，就会清楚地知道作战方式完全取决于作战工具，在别的时代再也不可能出现这种现象：所使用的军队高度专业化，带有明显的工具性质，完全与政治、社会生活分离开来。罗马人在第二次布匿战争中打击迦太基人的方式——趁汉尼拔仍在意大利庆祝胜利时进攻西班牙和非洲，就很值得我们借鉴，因为大家对当时各国和军队的总体情况相当熟悉，看得到是什么为这种间接抵抗方式的成功奠定了基础。

然而，我们越是从总体追索至细节，就越不能从遥远的时代找到典型事例和经验。我们无法正确地估计当时的相关事件，也无法用它们来解释我们现在使用的完全不同的手段。

不幸的是，作家总是不加掩饰地喜欢援引古代史例。这到底是虚荣心作怪，还是为了招摇撞骗，我们不得而知。这样的做法里面看不到想指导他人、说服他人的诚意和热切的努力。因此这类引章据典纯粹就是掩盖不足和缺点的装饰品。

弗基耶尔努力尝试的、完全用史例来教别人战争艺术的做法是一个巨大的成就，但这是一辈子都做不完的事，想做这项工作的人首先必须拥有丰富全面的战斗经验。

急切要做这项工作的人必须像去远方朝圣那样做好历经艰险的准备。他必须不惜时间和劳作，不畏权贵，超越自己的虚荣心和虚伪的谦虚，像《拿破仑法典》所说的那样，为真理，只为全部的真理，除了真理什么也不要。

第三篇

战略概论

第一章　战略

战略的一般概念已在第二篇第二章里得以确定。战略就是用战斗为战争目的服务。虽然战略本身只与战斗有关，但战略理论也要考虑战略主要的实施手段——军队。战略要以军队的本来面貌来看待军队，要考虑军队与其他因素的关系，因为战斗是由军队实施的，而且首先在军队产生影响。因而战略理论必须在战斗可能产生的结果基础上研究战斗，还必须着眼于在很大程度上决定战斗进程的精神和心理力量。

战略就是利用战斗达到战争的目的。所以，战略家应该确定作战目标与战争目的保持一致。换句话说，他起草战争计划时，要确保所有一整套军事行动都是为了实现战争目的。事实上，他应先设计好战役，然后决定在战役中打哪几场仗。由于大部分事情都是建立在无法证明正确的猜测上，无法事先下达更具体的命令，战略家就必须亲临战场。这样才能当场下达具体命令，允许整体计划作适当调整，这是随时会需要的事。总之，战略家必须从头至尾把战争掌握在自己手里。

不是所有人都接受这个观点，至少在一般原则上是如此。过去的习惯是在首都而不是在战场制订战略计划——但我们认为只有在政府与军队靠近并成为总指挥部时才能接受这种运作方式。

这样的话，战略理论就是处理战略计划，或者不如说，就是阐明战争的各个部分和它们之间的内在关系，强调几点能够证实的原则或规则。

回忆一下在第一篇第一章里，战争包括了多少至关重要的问题，你就可以理解需要多么不同寻常的智力天赋，才能自始至终具备全局观念。

一位领主或将军可以把一场战役指挥得恰好实现预期目标，恰好利用上他手中的资源，不多也不少，从而显露出他的军事天才。但真正天才的作用不是发明了某种新打法，而是指挥整个战争走向最后的胜利。我们应该赞赏的是准确完成暗含的预期目标，使整个行动协调流畅，后面一点只有在最后的胜利中才能体现出来。

一个研究者如果在走向最后胜利的整个行动中发现不了那种协调性，就忍不住想到不存在也不可能存在军事天才的地方去寻找天才。

事实上战略家使用的手段和形式都很简单，因经常重复而被人所熟悉，以至从常识角度看，批评家煞有介事地讨论它们似乎是很可笑的。例如，被人用滥了的朝敌人侧翼迂回的做法，被批评家当作天才的表现、最透彻的洞察力，甚至知识最渊博的表现来欢呼喝彩，这不是很荒唐吗？

更可笑的是，这些批评家通常在战略理论里剔除所有的精神因素，只考察物质因素。他们把所有一切归结于几个数学公式——平衡与优势、天时地利，归结于几个角几条线上。如果只有这点可怜的东西，那么，都不够成立一道小学生做的数学题。

但我们认为，这里根本不是什么科学公式和习题的问题。物质因素之间的关系都很简单，难的就是把握里面所包含的精神因素。尽管如此，智力的复杂性、因素的极端多样化和它们之间的关系也只有在战略的最高领域才冒出来。在那个层次上，战略、政治和治国之道没有多少区别，我们已经说过，在那个层次上，它们对军事行动规模的影响大于对行动方式的影响。如果在战争的大小事件中行动是占主导地位的，精神因素就会减少到最小程度。

一切战略都很简单，但并不意味着一切事情都很容易。如果从政治条件的角度来看，战争要达到何种目的、该怎样去实现这个目的都已确定，那么制定作战方针就是一件很容易的事。但要坚定不移地把作战方针贯彻到底，不因各种干扰而偏离方向，就必须有坚强的性格和异常清醒、执着的头脑。就拿那些杰出人物来说吧，有的以智商高而出名，有的以敏锐的头脑而出名，有的因为敢作敢为或意志顽强而为世人著称，但没有人能对这些品质兼收并蓄，成为超出一般水平的统帅。

听上去有点怪，但熟悉战争这方面的人都同意，战略中做出重大决定，比在战术中更需要意志力。在战术中，指挥被局势所牵制，仿佛掉进了一挣扎就会丧命的大漩涡，但一旦克制住刚开始的顾虑，他就可以勇往直前。在战略中，节奏要慢得多。自己和别人的疑虑、反对意见和告诫、不成熟的懊悔都大有发挥余地。在战术环境中，至少有一半问题可以通过肉眼看到；而在战略中，一切都凭猜测和假想，信念要弱得多。因此，大多数将帅在应该行动的时候疑虑重重、裹足不前。

现在来看看历史。我们考虑一下腓特烈大帝于1760年发动的战役，这个战役以它的快速行军和机动而遐迩闻名，批评家们交口称赞这是一件艺术品——是一件杰作。腓特烈首先想迂回到道恩的右翼，然后是左翼，接着又是右翼，如此反复，难道这就是我们应该钦佩不已的吗？我们应当认为这就是高深智慧吗？如果老老实实地想一想，我们当然不会。真正应该称赞的是腓特烈大帝的明智：用有限的资源追求一个主要目标，他一点没有承担任何超出他力量范围的事情，而是采取刚刚够他达到目的的行动。这个战役不是唯一一个展示他非凡的军事判断力的战役，这位伟大君主在他投入的三场战争中都有同样的表现。

他的目标就是把西里西亚带进完全能保障和平的安全港湾。

腓特烈只不过是一个小公国的首脑，该国与其他公国在大部分情况下没有太多区别，只是某些政府部门的办事效率较高一点。所以，腓特烈无法成为亚历山大。如果他像卡尔十二世那样行事，他就死定了。他的作战方式颇有特色，能够有节制地使用力量，他始终保持着力量的平衡，不缺少冲劲，在危急时刻能把力量发挥到惊人的地步。危机一过就退回到一种平静的跃跃欲试状态，随时可以根据政治局势的微妙变化进行调节。虚荣、野心、复仇心理都不能让他偏离既定方针，只有这个既定方针能把他带进胜利的殿堂。

寥寥数语又怎能说尽这位伟大统帅的品质！只要仔细审查这次战争的起因和神奇的结果，就能注意到正是腓特烈敏锐的头脑让他安全避开所有危险。

叫我们钦佩的这个特点在他所有的战役中都出现过，但在1760年的战役中尤为显著，他从未像在这一场战役里那样，用最小的代价抵挡住占绝对优势的敌人。

其他值得赞美的地方就是他战胜了计划实施过程中的困难。制订侧翼迂回机动的计划很容易，集中小股兵力在任何地点以势均力敌的态势把分散兵力的敌人各个击破——这个计划设想起来也很容易。靠快速移动增强自己的实力，这也不难想出来。想法本身没什么值得赞美的。面对这些简单的概念，我们得承认它们只是很简单。

但让一个统帅模仿腓特烈试试！许多年后，目击者仍然在书中提到国王的部署有多冒险，甚至是多么不谨慎。我们毫不怀疑，在当时这种危险要比事后看来大两三倍。

在敌人的眼皮底下，常常在敌人的炮火下行军也一样危险。腓特烈敢选择这些阵地和布置这些行军路线，是因为他了解道恩的方法、他的部署、他的责任心和他的性格，知道自己的方案有风险但不草率。但只有像腓特烈这样大胆、果决、意志力超强的人才会这样看问题，才会不被危险所迷惑和吓倒，这种危险三十年后还被人津津乐道地谈论着，并写进书中。在这种危险的情况下，没有几个指挥官相信这些简单方法的实用性。

实施计划的另一个困难是，国王的军队在整个战役中不断在运动。在7月上旬和8月上旬有两次，军队在尾随道恩的过程中遭到莱西的追逐，从易北河到西里西亚一直在路况极差的乡村道路上行军。军队必须随时随地准备战斗，需要用高超的技巧指挥调度，行军中相应要付出巨大体力消耗。虽然他的军队有上千辆辎重车随行，甚至影响了行军的速度，但供应还是跟不上。在西里西亚利格尼茨战斗发生的前一个星期，军队日夜兼程，在敌人阵地前交替布防和撤退，忍受着巨大的艰难困苦。

所有这一切难道不会造成战争机器巨大的磨损吗？单凭智力行事的统帅，能像勘测员操纵星盘那样轻松自如地调遣军队吗？难道将领和最高指挥官不会被那凄惨的情景所打动？要知道他们的战友正在忍饥挨饿的可怜境况中。难道怨言和对恶劣条件的顾虑没有上报到最高指挥官那里？普通人敢要求这样的牺牲吗？这种情况难道不会降低士气，造成军纪涣散？总之，如果不是完全相信他们英明伟大、一贯正确的指挥官可以扫除一切阴霾的话，军队的战斗精神一定会遭到彻底破坏。这正是赢得我们尊敬的地方，正是在实施计划中所创造的这些奇迹叫我们赞叹不已。但是，只有那些有亲身体验的人才能充分领会这一切。那些从书中和阅兵场上了解战争的人是不能体会到这些妨碍行动的困难的,所以,我们应该要求他们凭信仰接受这些没有经历过的东西。

前面用了腓特烈的例子来说明我们思想的重点。总之要指出,我们在阐述战略思想时,会描述在我们看来是最重要的物质、精神因素。我们将从简单到复杂,描绘出整个军事活动的统一构造——包括战役计划在内。

把军队调到某一地点上,这只表明可能会发生战斗,但战斗不一定真会发生。我们是否应该把这种可能性看作现实,看作是一件实际发生的事呢?当然应该。战斗的可能性只要有效果就是实际的战斗,而效果不管大小,总是会有的。

可能产生的战斗因为有效果
应视为实际的战斗

如果派军队去切断撤退敌人的退路,敌人未经反抗就投降了,那么,正是这些军队形成的威慑力迫使敌人做出投降的决定。

如果我军某部攻占了敌人未防守的地区,扼止了敌人力量的增长,我军所以能占据这个地区,是因为敌人意识到,他们想要夺回该地就必须同我军作战。

在两个例子里,结果都是出自可能要发生的战斗,这种可能性就具备了现实性。让我们假设一下在每一个战例中,敌人投入了优势兵力,迫使我们不经战斗就放弃了自己的目标,这意味着我们没有达到目的,但我们的挑战还是有效果的——因为把敌人的兵力吸引过来了。即使我军以失败而告终,我们也不能说这种用兵之法,也就是用可能发生的战斗来吸引敌人的办法无效，只是它的效果跟一场败仗的效果相似而已。

这表明战斗的效果可以摧毁敌人的军队、打击敌人的力量，不管战斗本身有没有发生，也不管敌人有没有应战。

战斗的双重目的

这些效果分两种：直接的和间接的。如果有其他事情插进来成为战斗的目的，这些效果就是间接的。所谓其他事情是指某些不能直接摧毁敌人，但能促成敌人毁灭的事情，它们也许是一些迂回的方式，但在打击敌人方面威力很大。占领省份、城市、要塞、道路、桥梁、军火库等，这些都是战斗的直接目标，但决不是最后目的。它们只能看作获取更大优势的手段，最终使我们向敌人提出挑战时，敌人无力应战。这些手段应看作中间环节，是产生有效原则的步骤，决不是有效原则本身。

实　例

1814年占领了波拿巴的首都后，战争的目的达到了。巴黎根深蒂固的政治分裂浮出水面，巨大的纷争不和导致皇帝的权力走向崩溃。不过，这一切都应该与军事行动联系起来看。对巴黎的占领大大削弱了波拿巴的军事力量和他的抵御能力，联军的优势相应大大地增加。波拿巴再作进一步抵抗已不可能，就是因为这一点，联军与法国签署和约。假如联军实力同样突然因外部原因遭到削弱，他们的优势就会消失，占领巴黎的整个效果和重要性也不复存在。

我们探讨这个论点是为了表明这是自然而唯一正确的观点，因而也是最重要的观点。这就让我们时常回到这个问题：

在战争和战役中每一阶段,敌我双方发起的大小战斗会产生怎样的效果?在为战役或战争做计划时,只有这一点能决定从一开始就应该采取怎样的措施。

如果不认可这个观点,其他问题就得不到正确评估

如果我们不学会把战争和其中的各个战役看作环环相扣、一次战斗导致另一次战斗的链条,而是相信夺取某些地点或占领未设防地区本身就具备价值,我们就有可能把这样的占领看作意外之财。如果真这样看问题,而不去想想这些征服行为不过是相互衔接的事件链中的环节,我们就看不见这些征服有可能在以后产生不利的局面。这种错误在军事历史中屡见不鲜。我们简直可以这样说:就像商人不能从单笔交易中取出利润放到一个单独的账户里,战争中单个战果也不能从整体效果中拿出来单独评估。就像商人必须在自己全部财富的基础上计算是否赢利一样,战争中的得失也只能在最后的结局中体现出来。

至少就事先所能预见的情况而言,如果指挥官把每次战斗看作一系列事件中的一环,他在通往目标的路上就没有偏离方向。军队就可以做到蓄势待发,按局势的需要恰如其分地表现出跃跃欲试,不受外界的影响。

第二章　战略要素

影响战斗运用的战略要素可分为几种：精神的、物质的、数学的、地理的和数据的。

第一种包括跟精神、心理素质和影响有关的一切方面；第二种包括军队的规模、组成、军事装备等等；第三种包括作战线构成的角度、向心运动和离心运动——只要它们的几何数值可以用来计算；第四种包括地形地势的作用，如制高点、山脉、河流、森林、道路；最后第五种包括一切补给手段。简单地逐一考虑一下种种要素，就能澄清我们的思想，并顺便给每一种的相对价值做出评估。的确，把某些战略要素单独拎出来研究，它们就会自动丧失不适当的重要性。比如，作战基地（即使在最简单形式中的意思是作战线）的价值与其说是几何学模式决定的，不如说是作战线经过的道路、地形的本质特征决定的，这是再明白不过的。

然而，把这些要素进行单个分析，想以此来形成我们对战略的理解，这种做法是灾难性的，因为这些要素在每次军事行动中都错综复杂地互相结合在一起。单个分析还会产生可怕的分析迷宫，可怕的噩梦，人们徒劳地想在这抽象基础和生活事实之间架一座桥梁。理论家切切不可这样做！就我们而言，我们会继续把握全局，把每个战例中的分析限制在只要把想表达的问题阐明清楚就行。我们的思想总是从对战争现象的总体印象中得来的，而不是从纯理论研究中得来的。

第三章　精神要素

我们又一次回到这个话题，这在本书第二篇第三章已经提到过，因为精神要素在战争中是最重要的。它们构成了影响整个战争的精神。在战争的早期，它们与推动和支配物质力量的意志有密切亲缘关系，几乎是合而为一的关系，因为意志就是一种精神因素。遗憾的是，精神要素无法服从研究性智慧的摆布，无法对它们进行分类、计算，它们只是看得见或感觉得到。

军队、将帅或政府的尚武精神和其他精神素质，战区居民的情绪，胜利或失败的心理作用——所有这些都有很大差异。它们会以完全不同的方式影响我们的目标和局势。

于是，虽然在书中能说的不多，精神要素与战争的其他组成部分一样决不能从战争艺术理论中省略。重申一遍，如果我们依照老办法在制定规则和原则时完全不考虑精神价值，这种理论就是微不足道的东西。有人一遇到精神要素就将其视为例外，把这例外赋予一定的科学地位，变成规则，这也是错误的。有的人干脆求助于超越规则的天才，实际等于承认规则是为傻瓜制定的，这些规则本身就是愚蠢的。

如果战争理论让我们不忘记这些精神要素，顾及到这些精神要素并给予充分的肯定，这种理论就能提供更广阔的视野。明确了这种立场后，就可以对那些只考虑物质因素的人发动攻势。

不能把精神排除在理论之外的另一个原因是精神因素与所有的所谓规则有关系。物质、精神因素的作用不像金属合金，后者是靠化学反应合在一起的，而物质、精神因素的共同作用是一个统一的有机体。在制定与物质因素有关的任何规则时，理论家必须把精神因素在里面起的作用放在心上。不然的话，规则就会变成绝对的条文，不是显得太缺乏自信而且偏于一隅，就是显得太宽泛、太教条主义。即使是缺乏灵感的理论家也不自觉地会涉及难以捉摸的那部分，比如，在解释一场胜利的影响时，无法不提到心理反应。因此，在这本书里讨论的大部分问题都会不偏不倚地涉及物质和精神的原因和结果。可以说物质因素只不过是一把刀的刀柄，精神因素才是那部分珍贵的金属、真正的武器、打磨锃亮的刀刃。

历史为精神因素的重要性和它们不可思议的影响提供了最强有力的佐证。这是将帅能从历史中得到的最高尚、最充足的养料。要提一下的是，在智力里能够结果的智慧种子不是由批评研究和理论专著播下的，而是由真知灼见、全局观念和灵感的火花播下的。

我们可以像一个勤奋努力的教授，列出战争中最重要的心理现象，加以一一剖析。但这种方法容易流于陈腐平凡，真正的研究精神反而很快就蒸发了。不知不觉中，我们发现自己说的全是大家已经知道的东西。因此，我们在这里比在别处更愿意用一种不面面俱到的、印象派的处理方式，只提出精神因素总体上的重要性和这本书的观点的精神实质。

第四章　主要的精神要素

主要的精神要素有指挥官的技巧、军队的经验和勇气、军队的爱国精神。每一个要素的相对价值都不能加以笼统的确定，要讨论它们各自的潜力也很困难，至于说孰重孰轻更是难上加难。最聪明的办法就是不低估它们中的任何一个。以人类反复无常的判断力来看，扬此抑彼常常是难以抵御的诱惑。最好是收集历史证据来说明所有这三种精神力量的明显作用。

然而，目前欧洲几乎所有国家已在纪律和训练方面采取通用标准。用哲学语言来说，作战方式已与它的自然法则趋于一致。作战方法发展到今天，已成为大多数军队的通用方法，以至于不可能期待指挥官再能发挥什么个人特色（例如像腓特烈的斜行进战斗队形）。不能否认的是，照目前情况来看，军队的爱国精神和战斗经验所占的分量更重一些。一段很长的和平时期或许可以再次改变这一切。

军队的民族情绪（热情、狂热、信仰和总体情绪）在山地战中尤为明显，因为从上到下，每一个战士都必须独立作战。因此，山地是最适合民兵作战的场地。

效率、技巧和经过千锤百炼的勇气把军队锻造成一道钢铁长城，这种军队在平原作战大有用武之地。

指挥官的才能在丘陵地带有很大的发挥余地，他在山地很难真正掌控分散的部队；在平原，控制部队只是简单的问题，不能把他的才能发挥到极致。

这些明显的契合关系可以为我们的计划提供参考。

第五章　军队的军事素质

军事素质不应该与简单的勇敢混为一谈，更不能与建功立业的热情混淆起来。勇敢当然是军事素质的一部分，但勇敢是一个人的天性，可以在军人——一个组织成员身上培养出来，但是却与在其他人身上不一样。军人的勇敢应该超越不受约束的行动力和暴力倾向，依从更高的要求：服从、命令、规则和方法。军队因有了为事业而战的热情而变得生龙活虎，但这种热情并不是不可或缺的。

战争是特殊的活动，与其他人类的活动不同，即使战争所涉及的范围很广，没有残疾的人都能参军，但它仍然是一种特殊活动。军队的军事素质体现在个人身上就是：深刻吸收了战争活动的精神实质；接受过训练，具有战争所要求的各种能力，其能力已成为第二天性；将自己的智力运用到每一个细节；在行动中能收发自如，能完全把自己的人格投入到指定的任务中去。

虽然我们明确地看到平民和军人是同一个人，虽然我们强烈地认为战争是全体人民的事，虽然这与过去雇佣军时代所建立的模式完全不同，战争仍然具有它的独特性。因此，一旦投入到战争中去，军人们就应该把自己看作类似于行会团体的成员，战争的精神就是通过这个团体的细则、法则、习俗而获得了崇高的地位。事实上的确如此。看待战争的眼光无论如何老到，也不能低估这种职业骄傲（即团队精神），把它看作可多可少的东西。职业骄傲是各种自然力量之间的纽带,能够使军事素质发挥作用。只有在具有这种职业骄傲的环境中,军事素质才得以具体化。

如果有这样一支军队:在尸横遍野的战火中保持凝聚力,不会被虚幻的恐惧吓倒,能够强有力地抵抗现实的恐惧;会为取得的胜利感到自豪,即使在失败中也能服从命令,不会丧失对上级的尊敬和信赖;这种军队的体能就像运动员的肌肉,在艰难困苦中得到过锤炼;他们把艰难困苦视为走向胜利的必要手段,而不是前进道路上的厄运;这样的军队有极强的荣誉感,恪守职责、不忘美德——这就是一支充满尚武精神的部队。

即使没有上述讨论的军事素质,也可能打漂亮仗,像旺代的军人那样;或像瑞士人、美洲人和西班牙人那样取得辉煌的战果;甚至可能像领导正规军的尤金亲王和马尔伯勒亲王那样,在没有军事素质帮助的情况下取得胜利。没有人认为缺乏这个军事素质就不可能取胜。我们提到这些是为了理清思路,使概念更加明确,不要迷失在一般原则的浓雾中,不要最后形成这样一种印象:尚武精神决定一切。实际上不是这么回事。尚武精神是一种可以单独考虑的精神因素,它的影响可以估计得到——换句话说,它是一种工具,其力量可以计算出来。

讲完了尚武精神的特点后,我们打算谈谈它的影响和培养这种精神的各种方法。

尚武精神与军队各部分的关系就像将帅的才能与整个军队的关系一样。统帅只掌握全局而不是各个部分。当各个部分需要指导时,尚武精神便当仁不让。统帅是从具有杰出素质的人当中挑选出来的,其他高级将领是经过考验脱颖而出的;然而,指挥官的职位越低,考验的过程就越不彻底。对职位越低、个人能力可能相应越弱这一点,我们要有心理准备。在低级别上,个人能力的缺乏就得靠军事素质来补充。被动员参战的民族如果拥有勇敢、适应性强、吃苦耐劳、热情洋溢的天然禀性,也能起到同样的作用。这些品质可以替代尚武精神,反之亦然。我们因此能得出以下结论:

> 1. 军事素质只能在正规军中找到,也只有正规军最需要这种素质。在民众起义和群众战争中,尚武天性取代了军事素质。只有在战争条件下,这些天性才可以迅速发展起来。
>
> 2. 正规军打正规军可以不需要军事素质,但正规军打武装民众就不同了。在后一种情况下,军队不得不分兵作战,各部队需要更多地依靠自己。兵力集中的情况下,指挥官的才能有更大的发挥余地,可以弥补尚武精神的缺乏。一般来说,战区越大兵力越分散,战争的情况因掺杂了别的因素而变得越错综复杂,就越需要军事素质。

从这些事实中得到的教训就是如果军队缺乏尚武精神,就必须着力使军事行动尽可能简单化,不然的话,就得加倍关注战争组织的其他方面。属于正规军的军人并不意味着就一定能承担起他们的任务。

尚武精神是战争中最重要的精神要素。缺了这种要素,就得有别的要素来补充,比如指挥官的出色才能或民众的热情,不然的话,就会得不偿失。这种精神,这种优秀的品质,这种矿砂中提炼出来的精华究竟能取得多大的成果,我们可以从以下事例了解:亚历山大领导下的马其顿帝国、恺撒领导下的古罗马军团、亚历山大·法尔内塞领导下的西班牙步兵、古斯塔夫·阿道夫和卡尔十二世领导下的瑞典军队、腓特烈大帝领导下的普鲁士军队、波拿巴领导下的法国军队。这些统帅的辉煌战果和在逆境中表现出来的英明伟大，只有在具有军事素质的军队辅佐下才能崭露头角，谁要是拒绝承认这点，他就是故意无视一切历史事实。

这种尚武精神只出自两个方面，这两个方面相互作用才能培养出尚武精神。一方面是节节胜利，另一方面是军队经常最大限度地忍受艰难困苦。没有其他方式更能让士兵充分认识到自己的潜能。统帅越习惯于高标准要求他的士兵，他就越能倚仗他们的积极响应。军人为自己能克服艰苦环境感到自豪，就像他们为自己能战胜危险而自豪一样。总之，种子只会在战事不断、环境恶劣的土壤中生长，还需要胜利带来的温暖阳光。一旦长成粗壮的大树，它就能在厄运和失败的狂风暴雨中生存下来，在怠惰懒散的和平环境里至少也能活上一阵子。因此，虽然这种尚武精神至少可以延续好几代人，甚至在平凡的将帅手下、长期的和平时期也能生存下来，但这种精神只能在战争中显现，在英明伟大的统帅手下创造出来。

这些团结一致、充满兄弟情谊、经过千锤百炼、打上战斗烙印的老兵与那些自负虚荣、只靠军队细则和操练拼凑起来的正规军不可同日而语，这一点我们必须非常注意。严厉和铁的纪律也许能够保存一支部队的军事素质，但不能产生军事素质。这些细则和操练都有其价值，但不能作过高估计。纪律、技巧、亲善性、一定的自豪感和高涨的士气——这些都是和平时期部队的属性。这些属性值得人们尊敬，但不具备自身的力量，不可以单独发挥作用。它们是一荣俱荣，一损俱损；只要有一处裂缝，就像突然冷却的玻璃一样整个玩完。甚至就连最高的士气，初遇打击，都可能立刻转为沮丧，变得过度恐惧。法国人称这为“sauve qui peut”（抱头鼠窜）。这种军队只能靠指挥官的素质取胜，靠它自己是不行的。所以要特别小心地加以领导，直到经过一系列的胜利和艰难困苦之后，这种军队的内在力量终于充满它的外部盔甲。我们不要把真正的尚武精神与军队的情绪混为一谈。

第十一章　在空间上集中兵力

最好的战略往往就是一条：要让自己非常强大。首先在整体上，然后在决定性时刻拥有强大的力量。除了努力养精蓄锐（这并不总是统帅能做到的）之外，最高级的、最简单的战略法则莫过于集中兵力。除非有十分确定的紧急需要，不然的话，决不能把部队从主力分出去。我们坚守这条原则，把它视为可靠的指南。在分析过程中，我们要了解在何等情况下分散兵力是可取的。我们还需了解集中兵力的原则在每次战争中不一定都有相同的结果，但都与相应的手段和目的保持一致。

听上去有点不可思议，但这是事实，那就是分散兵力已经出现过无数次，指挥官这样做没有任何解释得清楚的理由，仅仅因为他模模糊糊地感觉就该这么做。

如果我们把集中兵力视为准则，任何分散兵力的做法就是例外，必须有充足的理由才能这样做。只有这样才能避免做分割军队的蠢事，也不会出现一大堆不正确的理由来为这种蠢事辩护。

第十三章　战略后备队

后备队有两个明确目的，第一个目的是延长或更新军事行动，第二个目的是应付无法预见的威胁。第一个目的是以依次使用军队获取利益为先决条件，因此不属于战略范围内的问题。把部队派到可能被攻占的地点显然就是第二个目的的例子，因为不知道在那个地点需要进行多久的抵抗。一支部队只是用来延长某个战斗，并为此而成为后备队，这支部队虽然部署在炮火之外的地方，但处于随时待命的状态，这是战术后备队，而非战略后备队。

但是，战略中也可能需要为紧急情况预备军队。于是，我们就有了战略后备队，但这仅仅发生在紧急情况是能够想象之时。在战术环境中，我们常常直到看见了敌人才知道他们的措施。我们常常看不见他们，因为他们躲在树丛里、起伏的丘陵地带。我们或多或少必须为突发事件做准备，这样才能加强整个部署里的薄弱环节，才能根据敌人的行动调节整个部署。

这类事例也发生在战略里，因为战略与战术行动密切相关。在战略里，决定也常常直接建立在直接观察的基础上，建立在每小时和每天接到的不确定的报告上，最后建立在战斗的实际结果上。根据战略不确定的程度保留一定兵力以备后用，正是战略指挥的基本条件。

一般在防御战中，尤其是防守山脉、河流等自然地形时，我们知道不断需要后备力量。

不过，战略和战术之间的距离越远，不确定性就越少，在接近政治的战略领域里，不确定性几乎不复存在。

只有通过实际观察才能查明敌人的纵队在朝战场移动——他在某地点为过河做一些准备，这一点我们可以在他过河前的短暂时间里察觉到。但他将从哪个方向威胁我们的领土，恐怕他一枪未发报纸上就已经披露出来了。准备工作的规模愈大，突袭的可能性就愈小。如果花费的时间长，跨越的空间大，产生行动的情况一目了然，又甚少变化，那么敌人的意图不是早早地流露出来，就是肯定能被人发觉。

另外，即使存在战略后备队，如果使用后备队的具体打算不明确，后备队在战略领域里的价值就不大。

我们知道小规模冲突和单个战斗的效果就其本身来说重要性不大，只有在整体战役的结局中才能看到这些小型战斗的作用。

同样如此，整个战役的结局也只具备相对的重要性，重要性的大小可分为若干等级，以战败敌人的数量和总体重要性为依据。一支军队的胜利可以弥补一个军团的失利，即使是一整支军队的失败也可由一支更大军队的胜利而抵消，甚至扭转局面。1813年在库尔姆[1]持续了两天的战斗就是如此。不过，很显然每次胜利的影响、每次胜仗的效果随着战败敌人的重要性而增长，留给敌人事后挽回颓势的机会也会减少。后面还要更详细地探讨这个问题，目前读者只要知道这种进级关系存在就够了。

在上述两点意见上我们再加上第三点。在战术环境里依次使用兵力，其结果总是把决战推迟到军事行动的末尾；在战略

1 库尔姆（Kulm）战役，1813年，法军孤军深入追击败退的反法联军，结果遭到三面围攻，伤亡惨重。——编注

中，兵力的同时使用几乎总是把主力决战（不一定是最后的决战）安排在军事行动开头。因此，这三点意见充分说明了战略后备队的预期目标越宽泛笼统，它的必要性就越小，它的用处就越小，带来的危险也越大。

不难确定战略后备队的概念何时会变成自相矛盾的，一般在主力决战阶段开始时。决战时为取得胜利，要投入全部兵力，而战略后备队的概念是在决战之后再使用这部分兵力，这无疑是荒唐的。

战术后备队不仅要应对不可预知的敌军调遣，而且如果需要的话，必须用来扭转不可预知的战斗结果。但至少就总决战而言，在战略上不应该使用这种手段。通常在一个地方的失利只能用别处的胜利来补偿，在某些场合可以靠转移部队来支援。战略家千万不要靠储备兵力来处理一场失利的战斗。

我们认为这种战略后备队的概念是荒唐的，是因为这种做法不能为总决战助一臂之力。假如不是在别的概念掩饰下战略后备队貌似有理的话，我们根本不需要用两个章节来说明这个问题，因为无助于总决战的战略后备队显然是不合理的。有人认为战略后备队是聪明谨慎的上乘之作，有人则全盘否定这个概念，就连战术后备队的概念也一起否定掉。这种混乱的思想的确在现实中起到了不好的作用。最显著的例子就是1806年普鲁士安排符腾堡的尤金亲王在勃兰登堡屯兵20 000人以备后用，却无法及时地把这支部队调往萨勒河，另外还又在普鲁士东南部保留25 000人作为预备兵力。

希望这些例子可以让我们避免无的放矢的指摘了。

第十四章　经济地使用兵力

我们已经说过，理性之路不是由原则和观念组成的简单直线。在实际事务中，总有自由回旋的余地。美不能用横坐标、纵坐标来确定，圆形和椭圆形也不是代数公式造出来的。有时候行动家需要信任自己敏锐的判断直觉，它来自天赋，在思索中酝酿成形，几乎能在不知不觉中找到正确的路线。有时候他需要简化他的思想，找到要点作为行动准则；而有时候，他则需要把常规当作拐杖来支撑他自己。

其中一个简化出的要点，或者说分析的辅助手段，就是始终注意全部兵力的合作——始终确保没有闲置军队。如果部分军队驻扎在没有敌人的地方，或如果在敌人打仗的时候，部队在无所事事地行军，那么这些部队就没有得到经济有效的管理。这是在浪费兵力，比使用兵力无效还糟糕。到要采取行动的时刻，第一要求就是所有部队都必须有所行动，就连最无效的任务也能牵制住敌人的兵力，降低敌人的整体实力，而闲置的军队在此期间则丧失战斗力。最后三章谈到一些原则，我们的上述观点就是这些原则的必然结果。把这个观点放到更广阔的视角重新进行考察，把它归纳成一个单独的概念，道理还是一样。

第十六章　军事行动的中止

如果把战争视为相互破坏的行为，我们肯定认为双方通常都在步步紧逼。但如果我们单独考虑某一时刻，几乎会同样肯定只有一方在步步紧逼，而另一方却在等待。双方的情况不可能一模一样，它们之间的相互关系也不可能没有变化。在出现变化的时候，对这一方有利的时刻对那一方来说就是不利的。假定双方统帅完全了解自己和对方的情况，其中一个意欲采取行动，这就成为另一个愿意等待的理由。不可能两人同时采取行动，或同时选择等待。以目前情形来看，双方互相排除同一目标的做法并不是来自两极原则，因此，与第二篇第五章[1]的论点并不冲突。可以说，决定因素对双方指挥官都是一样的，那就是将来局势有多大的改进或恶化的可能性。

我们假定双方的情况完全相同，或者由于统帅对双方情况了解不全面，误以为情况是完全相同的，他们之间政治目的的不同仍会排除停止军事行动的可能性。在政治上，只有一方是进攻者，如果双方都打算防守，就不会有战争了。进攻者的目标是积极的，防守者的目标是消极的。积极的行动适合积极的目标，因为它是进攻者达到目的的唯一手段。所以，双方条件平等的情况下，进攻者应该行动起来，因为他的目标是积极目标。

1　这一点实际在第一篇第一章中谈及。——编注从这个角度看，在战争中停止行动同战争的性质是相矛盾的。军队像两个不兼容的元素，不停地毁灭对方。双方势同水火，不可能保持均势，只能相互作用，直到其中一方彻底消失。你认为一对摔跤选手僵持着，没完没了地保持不动可能吗？换句话说，军事行动就像上了发条的钟一样沿着它的路线坚定地走下去。战争的性质不管如何暴力，它仍受人类弱点的束缚，人类追求和制造危险，又非常害怕这种危险，对这种矛盾现象谁也不觉得奇怪。

战争史常常向我们表明战争并不是马不停蹄地奔向目标的过程，在战争中间歇和停顿是部队的常态，行动是例外。这几乎对我们的上述观点提出了质疑。如果这是大部分战争史的主题，那么最近的系列战争则证实了我们的观点。革命战争展露了这个观点的正确性，也证明了这个观点的必要性。在这些战争中，尤其在波拿巴的战役中，战争达到了无限度的力量发挥的程度，我们认为这是战争的基本法则。我们知道达到这个程度是可能的，如果是可能的，那就是必然的。

如果不是为了要采取的行动的话，我们又怎能为战争中付出的如此多的努力合理辩护呢？面包师点燃炉子只是因为准备烤面包，把马套在马车上只是为了驾车。如果只是为了让敌人付出同样大的努力，为什么战争中非要有这么多劳碌奔波呢？

有关一般原则就解释到这里，现在再谈谈它们的变化，这些变化来自事物的本质，不以个别情况为依据。

我们注意有三种内在的牵制力量在起作用，不让战争这个钟表走得太快或无休止地走下去。

第一种力量总是造成磨磨蹭蹭的现象，是一种拖后腿的力量，它就是人类心理本质中的恐惧和优柔寡断。这是一种精神上的重力，不过它靠反感而不是靠吸引来发挥作用，而反感则是针对危险和责任的。

在狂热的战争环境中，普通天性会更加踌躇不前。因此，经常需要用强烈的刺激物来确保锐气不减。要克服这种裹足不前的态度，光靠知道为什么要打这一仗是不够的。除非尚武精神在做主宰，有一位在战争状态下如鱼得水的统帅，或除非巨大的责任感给人以压力，不然的话，惰性就是常规，有所行动就是例外。

第二个因素是人类感知和判断的不完善，这一点在战争中比在别处更明显。我们在任何时间段都不可能准确地知道自己的处境，敌人的情况也是处于隐蔽状态，只能在缺少证据的情形下去推测。结果是双方常常去做同一件事，以为它对自己有好处。其实做这件事只对其中的一方有利。比如每一方都认为等待更好时机是聪明的举动，就这一点我已经在第二篇的第五章[1]提到过。

第三个决定性的因素起到像棘轮一样的作用，有时会使机器完全停止运转，这是来自更强的防御力量。甲方或许觉得不够强大，无法进攻乙方，但这并不意味着乙方就有力量进攻甲方。当一方进攻时，不仅会失去额外的防守力量，而且这种额外的防守力量还会转移到对方手里。用数学公式来表示，即A+B与A−B的差等于2B。于是，就会出现这样的现象：双方不仅同时认为自己力量太弱，无法进攻，而且他们双方确实实力太弱。

因此在冲突过程中，担忧、谨慎和对极端冒险的恐惧就会登堂入室，降低战争的原始暴力气焰。

这三种决定性的因素似乎还不足以合理解释为什么在早期战争中军队长期不采取行动。危急关头还未出现，全副武装的

1　这一点在第一篇第一章中谈及。——编注

军队十分之九的时间都在无所事事中度过。在“战争中的目的和手段”这一章中我们已经提过，好战一方的要求以及另一方的条件和心态对作战方式的影响，是造成这种现象的主要原因。

这些因素影响很大，战争在它们的影响下失去了暴力色彩，变得真假难辨。战争常常最多不过是一种武装中立，一种支持谈判的威慑力，在对事情放任自流之前捞些小小好处的温和举动，或迫于同盟国压力采取的无奈之举，巴不得以最小的代价脱身的权宜之计。

在以上情形中，利益的驱动力很小，敌对精神也不强，我们既不愿意过多伤害敌人，也不怎么害怕敌人的伤害，总之，没有强烈的动机驱使人们采取行动、勇往直前，政府也不愿意冒太大的风险。这就说明了这种冲突为什么并不激烈，真正战争的敌对情绪受到了约束。

这些因素越是把战争变成真假难辨的东西，理论基础就越不可靠：本质特征成了稀罕物，偶然因素却成倍地增长。

然而，即使是这种类型的冲突，也能让智力有发挥余地，甚至还可能提供更广泛、更多样化的余地。高赔率的赌博变成小的讨价还价。就是在这种类型的战争里，军事行动无非是一种无关紧要、消磨时间的炫耀，是一种半真半假的小规模冲突；是一些冗长的毫无用处的命令；是一些回顾时被称为科学性的行军和部署，仅仅因为它们微不足道的最初动机早被人遗忘，根据常识也无法弄明白。许多理论家从这种类型的冲突中看到了真正的战争艺术。在这些早期战争的佯攻、闪避和短暂出击中找到了所有理论的真正目的，以及精神对物质的胜利。近代战争在他们眼里就像一场群殴，毫无指导意义而且是朝野蛮方向退化的行为。这种观点像它所论及的对象一样不值一提。在缺乏伟大力量和激情的情况下，计谋当然就开始起作用。但指挥千军万马的伟大力量，就像在狂风巨浪中领航前进一样，不正是更高级的智力活动吗？至于像剑术似的形式化战术，一定会在大规模的战争指挥模式中有所包含，只是更隐蔽一些。二者的关系就如同船上运动与船本身运动的关系一样。其实上述剑术式作战方式只有在敌人采取同样方式的时候才能实施。但是有可能知道这种条件能保持多久吗？我们还沉浸在古老作战方式的幻想中的时候，法国大革命打了我们一个措手不及，把我们从沙隆赶到莫斯科。腓特烈大帝同样把还热衷于老式打法的奥地利人吓了一跳，使他们的王国从根本上发生了动摇。悲哀的是政府依靠半真半假的政治和束缚重重的军事政策来打击敌人，而这个敌人偏偏桀骜不驯，只把自己的力量当作唯一可遵循的法则！任何行动缺陷和工作缺陷都会造成对敌方有利，从一个剑客转成摔跤者并不容易，轻轻一击常会导致全面崩溃。

以上所有原因解释了战争中军事行动为什么不是持续不断的，而是间歇性的。暴力冲突被观望等待所打断，观望的时候双方都处在守势，但通常一方动机性更强，其行为更受动机影响，更倾向采取进攻模式，通常会有不间断的行动。

第六篇

防　御

第六卷

論　劇

第一章　进攻和防御

1．防御的概念

防御的概念是什么？也就是躲开打击。它的特征是什么？也就是等待打击。就是这种特征把军事行动转变为防御战，这是防御战有别于进攻战的唯一考验标准。然而，纯粹的防御与战争概念正好相反，因为这意味着只有一方在发动战争。因此，战争中的防御只是相对而言，等待的特征就只适用于基本概念，而不适用于所有组成部分。我们在等待进一步行动，也就是等待敌人冲锋时，这场战斗在某种程度上就是防御战。如果我们等待敌人的进攻，即等待敌人出现在我们的阵地前面，进入我们的射程，那么这就是一场防御仗；如果我们等着战区被敌人攻占，那么这就是一次防御战役。在两个例子中，等待和躲避的特点跟一般概念相契，跟战争概念也不相冲突，因为我们发现让敌人撞上我们的刺刀、让敌人进攻我们的阵地或战区对我们更有利。但如果我们真是在发动战争，就必须回击敌人的进攻。这些在防御战争中实施的进攻行为被冠以“防御”——换句话说，进攻战发生在我们的阵地里或战区内。因此，防御战役可以包括进攻战，在一场防御战中，我们可以用某些师进攻。即使我们在阵地等待敌人进攻时，我们的子弹也不会避人。所以，防御战争不是简单的盾牌，而是由针对性很强的打击组成的防御体系。

2. 防御的好处

防御的目的是什么？保存实力。守比攻容易。所以防御比进攻容易，条件是双方使用的是同一种军队。究竟是什么使保存实力和防御这么容易？不曾使用的时间积累起来可增加防御者的优势，他可以不劳而获。不管是出于什么原因——判断失误、恐惧或懒惰而没有进攻，防御者都能受益。在“七年战争”中，普鲁士用这个方法数次逃过厄运。这种好处根深蒂固地存在于防御的概念和目的中，这是所有防御性行动的本质。在日常生活中，尤其是在与战争近似的诉讼中，拉丁谚语“占有者得利”就能说明防御的好处了。另一个好处则完全出自战争的性质，这就是地形之利，对防御者来说是得天独厚的利益。

对这些一般概念进行总结概述后，我们现在要探讨一下防御的实质。

在战术上，如果我们让对方采取主动，等着对方来叫阵挑衅，不论战斗是大是小，这都是防御战。从敌人出现在我们阵前的那一刻开始，我们可以在不失去防御利益的情况下采取一切进攻手段。防御的好处包括以逸待劳和地形之利。在战略层面，战斗由战役取代，阵地由战区取代。在下一个阶段，整个战争取代了战役，整个国家取代了战区。在这两种情况下，防御与在战术状况中的没有两样。

我们已经指明在通常情况下防御比进攻容易。但防御的目的是被动的，就是为了保存实力或阵地；而进攻的目的是积极的，就是为了征服。进攻增强了一个人发动战争的能力，防御却不能。所以，为了准确地讲清楚二者的关系，我们应该说战争的防御形式本身比进攻形式强。这就是我们的论点，因为，虽然这一点隐藏在事物性质中，而且经验一次又一次地证实了它的准确性，但它与流行看法背道而驰，这证明了肤浅的作家经常会造成思想混乱。

如果防御是战争的较强形式却带有被动的目的，可见只是在敌强我弱的情况下才应该采取守势。我们一旦强大到可以去追求积极目的时，就应该转守为攻。当成功地运用了防御措施，通常能产生一种对自己有利的力量均势。因此，战争的自然进程是以防御开头，以进攻结束。若认为战争思想是以防御为最终目的，那就正好与战争思想相对立，就像认为防御的被动性质不仅是防御概念本身所固有的，而且存在于防御的各个部分之中一样。换句话说，只用于防御而无意反击的胜利跟用完全防守，也就是用完全被动的方式来规定每一次行动一样荒唐。

有人对上述观念的正确性提出质疑，举出许多例子，在这些战例里，防御的最终目的就是纯粹的防守，不含丝毫反攻的观念。如果我们忘了正在讨论的是一般概念，这种辩论方式是可能的。能提出反证的例子都应归为反攻可能性尚未出现的战例。

例如在“七年战争”中，腓特烈大帝没有考虑过进攻，至少在后面三年没有考虑过进攻。实际上我们相信在这次战争中，他始终认为进攻只是一种较好的防御手段。当时的一般情形决定了他的态度，对指挥官来说，集中力量处理最迫切的需要是很自然的事。然而，我们从宏观角度看这个防御战例时，不能不想到，对奥地利反攻的可能性应该就是这种防御的基础，只不过采取行动的时间还未到来罢了。和约的签署证明这并不是空穴来风。还有别的什么会导致奥地利人求和吗？只会是出于一种考虑——那就是他们的军队靠自身无法胜过腓特烈的军事天才，他们在任何情况下都得加倍努力，稍有松懈就会丧失更多领土。

要不是俄国、瑞典、帝国的军队牵制住了腓特烈，他就会在波西米亚和摩拉维亚力图一举击溃奥地利人，难道这点还有什么可怀疑的吗？

现在我们已经明确了防御的概念和其局限性，我们要再一次回到前面的提法，那就是防御是较强的作战形式。

把进攻和防御进行仔细分析和比较，就能无可怀疑地证明这个观点。我们姑且只提一下相反的观点是如何的前后矛盾，凭经验就可证明。如果进攻是较强的作战形式，没人会使用防御形式，因为防御战的目的只是被动的。人人都会进攻，防御变得毫无意义。

相反，较大的目标自然需要较大的牺牲。觉得自己足够强大，可以采用较弱的作战形式（进攻）的人会有更高的目标。那些利用较强作战形式（防御）的人只会选择较低的目标。经验表明，如果有两个战区的话，从未听说过让较弱的军队进攻，让较强的军队防守。人们往往采取相反的做法，足以证明指挥官把防御看成较强的作战形式，即使他们本人更愿意进攻。

下面章节还要谈到相关观点。

第三章　战略上进攻和防御的关系

让我们先来看一看保障战略成功的因素。

正如前面所述，在战略上无胜利可言。战略成功的一部分在于为战术胜利适时地做好准备。战略越成功，一场胜仗的可能性就越大。余下的战略成功在于是否能充分利用赢得的胜利。战略将一场战斗胜利利用得越巧妙，人们就越能从被军事行动动摇了根基而倾倒的大厦里攫取更多的利益，来之不易的胜利果实就越能收获得更彻底，成功就越大。能促进成功或带来成功的主要因素——亦即有效战略的主要因素有以下几点：

1. 地形之利；
2. 出其不意——突袭或在某些地点突然部署军队；
3. 多面进攻（以上三个因素都带有战术特点）；
4. 用要塞和一切附属结构来加强战区力量；
5. 民众支持；
6. 利用精神力量。

就这些因素而言，进攻和防御的关系是什么？

在战略上，也在战术上，防御占得地形之利，进攻则占得先机。然而，谈到出其不意和抢占先机，它们在战略中比在战术中重要得多。战术主动权很少能产生重大胜利，但战略主动权往往能一举结束整个战争。另一方面，抢占先机是在假定敌人犯有重大、决定性、超出常规的错误的基础上，所以，它并不能在天平上为进攻增加太大的砝码。

在某些地点集中优势兵力突袭敌人与战术中的一些情况类似。假如防御者被迫把兵力分散到几个点上，进攻者可以充分利用优势兵力各个击破。

在这里，新的防御系统用新方法也不知不觉地引进了新原则。防御者没有理由害怕他的对手能在不设防的道路上攻占重要兵站或弹药库，或偷袭一座要塞，或甚至偷袭首都；防御者也不会因害怕后路被切断而被迫在敌人选择的路上进攻敌人，他也就没有理由分散兵力。如果进攻者选择了一条避开防御者的道路，防御者仍可以在几天后带着全部兵力找到他。在大多数情况下，进攻者会自己找上门来。但假如出于某种原因，进攻者不得不分兵前进（供应问题常常叫他不得不这样做），防御者显然可乘虚而入，用全部兵力打击进攻者的部分兵力。

在战略上，从战区的侧翼和后面进攻的性质大大改变了。

1. 因为我们的枪炮不可能从战区的一端射到另一端，火力夹击就不存在；

2. 因为战略上不可能像战术上那样封锁整个地区，所以没有被切断的顾虑；

3. 因为牵涉的地区较大，内部战线或较短的战线有显著的效果，对多面攻击形成重要的抗衡；

4. 交通线薄弱是新出现的问题，交通线被切断时后果更为严重。

因为战略中所牵涉的空间较大，所以只有采取主动的一方——换句话说，就是进攻者才有可能实施包围或多面攻击。防御者不能像在战术环境里那样实施反包围，因为他的部队不可能达到规定的纵深，也不可能完全隐蔽。但如果没有看得见、摸得着的利益，即使包围是件容易的事，对进攻者又有什么好处？因此，在战略上，把包围当作胜利的手段毫无道理，除非用包围来切断交通线。然而在早期阶段，当进攻初次遭到防御，双方公开对峙时，包围对交通线造成的影响并不总是重要的因素。这个影响只在战役过程中体现出来——当进攻者在敌人领土上逐渐变成防守者的时候。这时候，新的防守者发现自己的交通线变得薄弱，原来的防守者一旦采取攻势就可以利用这个薄弱点。但要弄清楚的是，这种优越性不能算作原防守者的功劳，它只是防御原则本身的优越性。

第四个因素——战区的优越性自然对防御者有利。首先发动战争的进攻部队脱离了自己的战区，被迫远离自己的要塞和兵站而深受其苦。这支部队越过的战区愈大，它就愈会被削弱，行军的劳顿和驻地的守卫工作都会削弱它。而另一方面，防守的一方却在以逸待劳，它得益于自己的要塞，没有什么事情损耗它的力量，而且还靠近它的补给供应点。

第五个因素——民众的支持不一定适用于每一次防御战。防御战可能在敌人领土上进行。不过，这个要素仍然只来自防御概念，适用于大多数情况。这里所说的民众支持主要是（但并不完全是）指民兵和武装民众。此外还有各种阻力减小、供应点近在咫尺并且充裕丰富。

1812年的战役[1]就像一个放大镜，让我们清楚地看见第三、第四个因素是如何发挥作用的。近50万人渡过尼蒙河，只剩下

1 克劳塞维茨亲眼见证了1812年拿破仑在俄国失利的战役。——编注

12万人在鲍罗季诺战斗，到达莫斯科的就更少了。

可以说，这次巨大战役的后果如此重大，以至于即使俄国人没有及时反击，他们也会在长时间内不遭受新的侵略。当然，除了瑞典之外，没有一个欧洲国家与俄国处在相似位置，但原则是通用的，只是程度不同而已。

至于第四、第五个因素，要说明的是，也只有在本国境内的防御中有效。如果防御在敌国境内进行，又牵涉到进攻行动，它就有可能转成进攻的负担，其方式类似于以上提到的第三个因素。进攻战不只是由积极因素组成，就像防御不只是由被动因素组成一样。的确，不能立刻导致和约缔结的进攻必须以防御告终。

如果进攻中的所有防御因子都遭到削弱，那是因为它们是进攻的一部分。我们可以说这是与进攻有关的另一个一般性负担。

这不仅仅是作过细区分，远非如此。这是所有进攻行动的最大的弊病。因此，在计划战略进攻时，我们必须从一开始就密切关注这一点——即接下来的防御。这个问题会在本书中战略计划那部分进行详谈。

有时候，像酵母一样影响战争的重要精神力量会被指挥官用来振奋他的部队，这些精神力量既能在防御的一方也能在进攻的一方找到。至少，我们可以说，这些精神因素中对进攻特别有利的那些，如造成敌军恐慌或混乱，通常会在决定性打击来临后才出现，对打击过程没有太大影响。

所有这些足以证明我们的论点：防御相对于进攻是较强的作战形式。但我们还要提一个不曾考虑的次要因素，那就是勇气。军队采取主动并意识到这点时，军队的优越感便油然而生。这种相关性是真实存在的，但很快湮没在更强烈、更普遍的精神状态中，这种精神状态来自军队的胜利或失败，以及指挥官的才能或是无能。

第五章　战略防御的特点

我们已经阐述过防御是什么——只不过是更有效的作战形式，一种取胜的手段，可以让人在获得优势后采取攻势，也就是朝战争的积极目标进发。

即使战争的唯一意义是维持现状，避战仍然违背了战争性质，战争性质决不只是忍受和挨打。防御者一旦得到了重要利益，防御就算完成了使命。防御者在享受这份利益的同时要给予敌人反击，不这么做，就会给自己招致毁灭。审慎要求他趁热打铁，利用得到的好处阻止第二轮攻击。何时、何地、怎样开始防御后的行动，当然取决于许多其他条件，我们将在后面详细说明。这里，我们只要明确一点，这种由防御向反攻的转变是防御中固有的趋势——是防御的基本特征。由防御形式取得的胜利如果没有转为攻势，而是任其浪费掉，会是一个严重的错误。

突然从防御强有力地转成进攻，这就像一把闪亮的复仇之剑，防御最伟大的时刻到来了。如果指挥官不是从一开始就考虑到这点，或如果这并不是他的防御思想的组成部分，他决不会相信防御形式的优势。他所看到的只是他能破坏或缴获多少敌人的物资。但这些东西不是取决于如何开始一场战争，而是取决于如何结束一场战争。再者，只把进攻与出其不意的攻击等同起来是一个不成熟的错误，因为这样只会把防御想象成悲惨和一团糟的事。

我们不能不承认，侵略者相对于无辜的防御者来说总是抢占了先机；如果侵略者秘密蓄谋、准备充分，真可以打对手一个措手不及。然而，这种突袭与战争本身没有关系，实际情况不应该是这样的。战争为防御者甚于为进攻者服务。只有侵略行为才会产生防御，而有了防御，才会产生战争。侵略者始终是和平爱好者（波拿巴就总是这样声称），他更愿意不遇抵抗轻取我们的国土。为了阻止他的阴谋，我们宁愿发动战争，并为战争做准备。换句话说，往往是弱的一方、可能需要防御的一方为了不被征服而始终保持全副武装的状态，这正是军事艺术所要求的。

至于谁先出现在战场上，其原因通常与进攻意图或防御意图无关。进攻还是防御不是动机，而常常是谁先到战场的结果。先准备好的一方觉得突袭有利可图，为了这个原因他们会主动进攻；准备得较慢的一方在某种程度上可以利用防御之便来弥补失去先机的状况。

然而，一般说来，对进攻者来说，第一个准备就绪是有利可图的事，这一点我们已在第三篇中谈到过。但并不是每个具体情况中都有好处。

所以，如果我们按照本来面目来想象防御，就应该是这个样子：所有手段都准备就绪；军队能征善战，将帅不动声色、自信从容地对敌人欲擒故纵，而不会因恐惧、思想混乱或下不了决心而任其为所欲为；要塞不因为可能被包围而让人心生畏惧；民众勇敢顽强，不仅不怕敌人，而且还让敌人害怕。如果形成这样的局面的话，防御相比于进攻就不再是一副可怜巴巴的样子，进攻也不再是有些人所认为的那样——这些人只在进攻中看到勇气、决心和行动而在防御中只看到无能为力，进攻在他们模模糊糊的印象中是那么轻而易举和万无一失。

第七章　进攻与防御的相互作用

现在应该分开考虑进攻和防御了——在能够把它们分开考虑的情况下。根据以下理由我们将从防御开始。虽然把防御原则建立在支配进攻的原则上（反之亦然）是十分自然和必要的，但还应该从进攻和防御中分离出第三个方面，作为系列概念的开端，从该开端出发去确定这些概念。因此，我们第一个问题就与这个开端有关。

考虑一下理论上战争从哪儿来。本质上，战争概念不是随进攻而是随防御一起产生的，因为进攻的最终目的不是打仗，而是占领。而防御的直接目的恰好是战斗，因为战斗和避战显然都是一回事。击退肯定只是针对进攻而言，因此，进攻是击退的先决条件。然而，进攻不是针对防御而言，而是针对另一个目标——占领，而占领并不一定就是战争的先决条件。首先引进战争因子的一方就是从自己立足点出发考虑作战双方的那一方，也就是建立最初战争法则的那一方——这就是防御的一方。现在讨论的不是具体事例，而是笼统、抽象的情况，假定这种情况成立，才能让理论得以发展。

我们现在知道到哪儿去找进攻和防御相互作用之外的固定点（也就是上述的开端）——那取决于防御。

如果这个论点正确，即使防御者不知道进攻者想干什么，他仍然应该为自己的行动制定一些基本法则，而这些基本法则肯定应该包括军队部署。而进攻者只要不知道对手的情况，就无法在使用部队方面得到指导。他能做的就是带着军队走——换句话说，用军队这个手段来实施占领。事实就是如此：调集军队是一回事，使用军队又是另一回事。进攻者会带着军队走，以防万一他需要使用军队。虽然他用军队实施占领而不是用官员、公务员和公告，但严格地说，他并没有主动发动一场战争。倒是防御者不仅要集中兵力，而且要部署兵力、准备行动，他的行为才真正符合战争的概念。

我们来看第二个问题：在认为有可能遭到进攻之前，首先采取守势的内在原因的性质是什么？当然是敌人以占领为目标的进发。在我们眼里，这是战争的外因，但这已成为军事活动最初措施的基础。这种进发意味着要阻止防御，因此必然会联想到国土来考虑它，这就产生了防御的初步总部署。一旦有了部署，进攻就会冲着这些部署而来，新的基本防御规则就会在审查了进攻手段后才确立。在这一点上，进攻和防御开始相互作用，只要有新的结果出现，使研究显得有价值，理论家就要继续研究它。

这个简短的分析可以让问题更加明朗化，也为下面的讨论提供依据。这不是为战场写的，也不是为未来的统帅写的，而是为大量的理论家准备的，这些理论家迄今为止仍然不太重视这个问题。

第八章　抵抗方式

防御的本质特征就是避开进攻之锋芒。这意味着等待，这是防御的主要特点，也是防御的长处。

战争中的防御不仅仅由被动挨打组成，等待也不是绝对的，只是相对的。在空间上，等待与国家、战区或阵地有关；在时间上，与战争、战役或战斗有关。这些都不是固定不变的组成部分，而是以它们为中心点的一些领域相互交错重叠在一起。然而，在实战中，我们必须经常满足于只对事情进行归类，而不是严格地把它们区别开来。那些措辞在通用中已有明确的定义，可以用来做确定其他概念的核心。

因此，一个国家的防御者会在本土上等待进攻，一个战区的防御者会在本战区等待进攻，一个阵地的防御者会在阵地上等待进攻。敌人一旦发动攻势，防御者任何主动而或多或少带进攻性质的举动仍没有颠覆防御的概念，因为它突出的特点和主要好处就是等待，这一点已经明确下来。

以时间为特点的概念——战争、战役和战斗，与以空间为特点的概念——国家、战区和阵地相对应，与我们讨论的问题有同样的联系。

所以防御由两部分组成，等待和行动。等待与行动前的明确目标有关联，根据这一点，我们能够把两部分融为一体。但防御行动——尤其是像一场战役或战争那样大规模的防御行动，不会在时间上包括两大阶段，即第一阶段是纯粹的等待，第二阶段是纯粹的行动。等待和行动只会交替进行，这样等待对整个防御时期来说，看上去就起到一个穿针引线的作用。

事情的性质决定了等待有多重要。固然，早期理论家从来没有给等待一个独立概念的地位，但在现实中，它一直就是一种指导方针，尽管在大部分情况下人们没有意识到这点。等待是所有战争的基本特点，没有它，战争就难以想象。我们常会有机会回到等待这个话题，指出等待在军队的动态运作中所产生的效果。

现在我们想要阐明等待原则是如何贯穿整个防御阶段的，防御又是如何依次产生于此的。

为了用一个简单的例子来确立我们的观点，我们准备把国土防御留在“战争计划”那一篇去讲，因为国土防御是更加多样化的问题，强烈地受到政治环境的影响。阵地防御或战场防御则是战术问题，只有实施过了才能作为战略活动的起点。因此，我们选中战区防御来做例子，这样最能说明防御的情况。

我们已经指出等待和行动（后者往往是一种机敏的快速反应）是防御不可缺少的部分。没有前者，就没有防御；没有后者，就没有战争。这个概念已经让我们有理由相信防御无非是较强的作战形式，更有把握击败敌人。我们必须坚持这种解释——部分因为其他解释最终都说不通，部分因为这种印象愈生动完整，就愈能加强整个防御行动。

如果有人想要把防御的第二个必要组成部分即反应行动再加以区分，只把一个阶段——严格地说就是只把守卫国土、战区和阵地作为必要部分，而且这些活动也只进行到足以保障这些地区的安全为止；那么，就是与我们上述观念背道而驰的。那样的话，另一阶段，也就是能发展到实际战略进攻领域的反应行动，就会被认为不属于防御范畴、是与防御无关的东西。这种区分原则上难以叫人接受。我们必须坚持反击是所有防御的基础。不然的话，不管第一阶段的反应行动（也就是反击）给敌人造成多大的破坏，在恢复进攻和防御间的动态关系方面，适当的均衡仍然有所缺失。

我们再重复一遍，防御是较强的作战形式，是击败敌人把握性较大的方法。可是，靠防御来取得的胜利是否超过防御原定的目的，这要视情形而定。

因为防御与等待密切相关，所以击败敌人的目标只有在进攻情况下才能实现。如果没有进攻，不言而喻，防御就只能满足于坚守，这就是在等待阶段的防御目标，或不如说是其首要目标。如果防御愿意满足于这个不太高的目标，它才能充分利用它作为较强作战形式的那些好处。

假定一支军队奉命防守战区，这支军队可以用以下几种方式来防守：

1. 敌人一旦侵入战区，这支军队就可以进攻他们（如摩尔威茨会战、霍亨弗里德堡会战）。

2. 这支军队可以抢占前线附近的阵地，等待敌人一到，在敌人还未来得及进攻之前先发制人（如恰斯劳会战、苏尔会战和罗斯巴赫会战）。这种态度显然很被动，需要较长时间的等待。如果敌人真的进攻了，相比于第一个计划，第二个计划可能并没有赢得时间或赢得时间不多。不过，在第一点里肯定会发生的战斗在这里不一定发生。敌人可能没有足够的决心发动进攻，因此，等待的好处就更大了。

3. 这支军队不仅可以等待敌人下进攻的决心——那就是完全暴露在阵地面前，而且还可以等待真正的进攻发生（就像在邦则尔维茨所发生的那样，我们还是以同一位统帅的战例来说[1]）。那样的话，军队将真正打一场防御战，但正如我们前面所说的，这场防御决战还包括使用部分兵力展开进攻。就像在前面的战例一样，赢不赢得时间倒无关紧要，但敌人的决心将又一次受到考验。许多军队发动进攻后又在最后一刻退缩了，或在进行第一次尝试后就停止攻击，因为他们发现敌人的阵地牢不可破。

4. 这支军队可以退到内地，在那儿进行抵抗。撤退的目的是削弱进攻者，使他自愿停止攻势，或至少无力战胜他最终会遭遇到的抵抗。

最简单、最突出的例子是防御者在撤退时扔下几个要塞，迫使进攻者不得不花力气进行围攻或包围。这显然会削弱进攻者的军队，为防御者在占上风的地点攻击进攻者提供机会。

即使没有要塞，向腹地撤退也能逐渐给防御者带回他在前线没有的力量均势或优势。在战略攻势中，进攻者每前进一步都会遭到力量的削弱，这一方面是因为确有损兵折将的事情发生，另一方面因为必须要分散一定的兵力。我们会把这一点与进攻联系起来详谈，目前，只要相信这种说法是正确的就行，因为过去的战争充分证明了这一点。

这第四种情况的好处就是赢得了时间。如果敌人围攻我们的要塞，我们就赢得了要塞陷落之前的时间（陷落是完全有可能的，但围攻可能持续数星期，在某些情况下甚至持续数月）。如果进攻者因为不断发动攻势，在关口要隘部署守备部队，或只是长距离地行军造成力量损耗、进攻锐气减弱，防御者通常能赢

1　这里提到的都是腓特烈二世的成功战例。——编注

得更多时间,不必在限定时间里被迫采取手段。

当进攻者的攻势自然停顿下来时,不仅进攻者和防御者的力量对比有所变化,而且防御者还可以独自享受不断增加的等待的好处。即使进攻者没有因前进而遭到太大削弱,仍有能力在我们主力停下来时进攻,但他也可能会下不了决心这样做。这个决心比在前线下的决心要大,部分原因是他的军队人数有所减少,精神也不似以前那样饱满,而危险却在增加;另一部分原因是优柔寡断的指挥官一旦占领了这个地区就全然忘了战斗的必要性,他们或许真的认为战斗没有必要,或许乐意拿占领做免战的托词。当然,他们不进攻对防御者来说不会像在前线那样构成充分的消极成功,但却是确确实实赢得了时间。

在以上四点中,不用说就可以知道防御者有地形之利,而要塞、民众的支持也有利于他采取行动。按这四点的顺序排下来,这些要素变得越来越重要,在第四点里,把这些因素用来削弱敌人特别有效。因为等待的好处按这四点来看是依次递增的,所以防御的有效性也是递增的,这种作战方式离进攻越远,就越见成效。我们不怕别人谴责说,这是把最被动的防御看作最强的作战形式,因为抵抗行动并不随上述四点防御方式而依次减弱,它仅仅被延长或推迟了而已。当然这样说也不矛盾:我们在坚固而合适的壕沟阵地上进行抵抗会更有效,等敌人为我们的抵抗耗费了一半力量后,反击就显得更有效。道恩在科林[1]如果没有坚固的阵地肯定赢不了那场战斗。如果他对腓特烈从战场上带出来的18 000人乘胜追击的话,这场胜利恐怕会成为战争史上最辉煌的胜利。

我们要坚持的是,依次随着这四点防御,防御者的优势,

---

1 Kolin,在布拉格附近,1757年6月奥地利军队在此战役中打败了腓特烈二世。——编注

或更确切地说，防御者的砝码在加大，因此他的反击能力也在加大。

我们可以说从增强的防御那里得来的好处是不必付出代价的吗？不可以。付出的代价是随防御能力的增强而增大的。

在我们战区内等待敌人时，尽管决战只是在战区边缘进行，但敌人军队仍会进入我们的战区，给这个地区带来损失。如果我们先进攻敌人，破坏就是敌人蒙受的；只要我们不朝敌人前进、不朝敌人进攻，损失就会增加。敌人占据的空间越大，敌人朝我们阵地进发所花的时间越长，我们付出的代价就越大。如果我们打算打防御战，把主动权和攻击时间交到敌人手里，敌人就有可能在占领地区据守一段时间，我们就有可能蒙受损失。因此，敌人推迟决战让我们赢得的时间就是以这种损失为代价的。往腹地撤退时，这种牺牲就更明显。

然而，所有这些损失造成的防御者力量减弱只会在以后而不是目前影响到他的军队。这种力量减弱常常是间接的，人们几乎注意不到。于是，防御者就是这样牺牲将来的利益来增强目前的力量，换句话说，就是寅吃卯粮。

为了评估各种抵抗形式的效果，我们不得不审查一下敌人进攻的目的。目的是占据我们的战区，或至少一大部分战区，因为战区的一大块才能代表战区这个概念，几英里宽的地方几乎不具备独立的战略意义。因此，只要进攻者没有占领我们的战区，换句话说，只要敌人慑于我们的实力不敢进入我方战区，或不敢进攻我方阵地，或在我们向他挑战时不敢应战，防御的目的就达到了，我们的防御部署就证明是成功的。当然，这只是一种消极的成功，不会直接产生足够的力量来进行真正的反击。但这种成功能够间接地、逐渐地产生力量，它能为反击赢得时间，因为侵略者正在丧失时间。时间的丧失总是一种不利情况，肯定在某种程度上会削弱他。

因此，在前三点中提到的防御阶段（换句话说，防御在战区的边缘上进行），没有决战发生就意味着防御成功。

然而，在第四点里就不是这么回事了。

如果敌人围攻我们的要塞，我们必须在恰当的时间为这些要塞解围——换句话说，是否采取积极行动进行决战，是由我们决定的。

也有可能敌人一直尾随我们进入腹地而不围攻要塞。虽然我们可能有更多的时间，可以等敌人最虚弱的时刻到来再行动，但最终我们还是得采取主动这一设想是不变的。的确，到那时敌人也许会占领他进攻目标所包括的所有地区，但他只算暂时借用这些地区而已。紧张局势仍然存在，决战仍然不可避免。只要在敌人日益遭到削弱而防御者的实力日益增加的时候，不决战对防御者最有利。但是，只要防御者不得不面对的、持续不断的整体损失开始对他产生不良影响，而这种影响达到顶点时，防御者就必须下定决心采取行动，因为这时候等待的利益已告罄。

当然，没有万无一失的方法告诉我们那个顶点什么时候到来。许多条件和情况决定了它。但我们应该注意到冬天的到来通常是最自然的转折点。如果我们不能阻止敌人在他占领的地区过冬，那就意味着我们失去这块地方了。即使如此，托里斯—维德拉斯[1]的例子告诉我们，这并不是普遍的规律。

宏观地说，究竟什么是决战呢？

在我们的考虑中，决战总是以战役的形式出现，但并不一定就是这么回事。我们可以想象导致剧变的系列分兵作战的战

1 Torres Vedras，威灵顿将军在此设防御工事挡住入侵葡萄牙的法军，在6个月后迫使法军撤退。——编注

斗,要么因为这些战斗真正以流血而告终,要么因为战斗所产生的效果可能迫使敌人撤退。

在战区本身不可能有其他决战方式。根据我们对战争所持有的观点,得出这个结论是必然的。即使敌方军队因缺乏粮食而被迫撤退,那也是受到我方的胁迫才会出现这个问题。如果我们的军队不在场,敌人肯定能找到自我补给的办法。

所以,即使敌人在进攻接近尾声时成了恶劣条件的牺牲品,力量遭到饥饿、疾病、被迫分兵的削弱,但实际也还是只有因害怕我方军队才改变主意、放弃所有已得到的利益。不过这种决战与在战区边缘上发生的决战大相径庭。

在战区边缘进行决战时,只有以我们的武力对付敌人的武力,也就是单凭武力来制约敌人或摧毁他们。但当敌人的进攻趋于结束,敌人被付出的巨大努力弄得疲惫不堪时,这就赋予了我们的武力完全不同的价值,这种价值虽然可能是最终因素,但不再是决战中的唯一因素。敌军在行进中的损失为决定胜负准备了理由,这种损失可以达到如此地步,仅仅因为我们有反击的可能性就足以让敌人退却,让局面扭转过来。在这种情况下,我们必须现实地考虑问题,那就是敌人进攻过程中的困难条件决定了胜负。诚然,我们找不到一个防御力量不是因素的例子,但出于实际考虑,区分两个因素中哪一个占主要地位是重要的。

鉴于上述观点,我们可以公平地说,两种决战,也就是说两种反击方式都是防御者有可能采用的,这取决于进攻者是死于剑下还是死于劳累。

显然,第一种决胜负的方法主要用于前面三点提到的防御方式中,第二种方法用于第四点提到的防御方式中。的确,第二种方法——拖垮敌人就只能在诱敌深入腹地时才能进行。事实上,这是容忍撤退及其造成的牺牲的唯一理由。

现在我们已经确定两种基本抵抗方式。在战争史上有事例显示这两种方式泾渭分明，就像任何能在实践中保持条理分明的抽象概念一样。1745年，腓特烈大帝在霍亨弗里德堡进攻从西里西亚山下来的奥地利人——这时候的奥地利军队既没有被劳顿所削弱，也没有被迫分散兵力。相反，威灵顿在托里斯—维德拉斯筑有防御工事的战线里坚守不出，直到寒冷和饥饿驱使马塞纳的军队自愿撤退为止。在那种情况下，防御者的军队没有参与拖垮敌人的行动。在其他场合，这两种抵抗方式交错使用，但其中仍有一种起到主导作用。比如在1812年那次著名战役里，打了多少场惨烈无比的仗，如果处在别的情形中，胜负早就完全靠武力决定了。然而，没有一个战例能比这个战例更清楚地说明，侵略者被自己的劳顿摧垮了。法军30万人中只有约9万人的中坚部队到达莫斯科，分遣出去的只有13 000人。所以，死伤人数达197 000人，显然其中战斗伤亡人数不足三分之一。

所有那些所谓的拖延战役中，像著名的拖延者费比乌斯[1]指挥的战役，主要是指望敌人通过劳累损耗而自毁长城。

总之，许多战役都是靠这条原则取胜的，只是大家不明说而已。我们只有不管那些历史学家牵强附会的解释，只有研究事件本身，才能窥探到许多胜负的真实原因。

我们相信已经把构成防御和各种防御方式的基础阐明清楚。指出这两种主要抵抗形式后，我们希望已清楚地说明等待原则普遍存在于整个防御概念之中，与积极行动原则结合在一起，而后者或迟或早总要出现在防御战中。在采取了积极行动后，等待的好处就不复存在。

1　费比乌斯（Fabius，公元前275—前203），古罗马将军。

我们相信至此已经从整体上研究和界定了防御领域。诚然还有一些重要方面需要单独一章来阐述，一些构成系列思想基础的观点需要指出来，这些都不应该被忽略。比如，要塞、营垒、山河防御、侧翼作战的性质和影响等等。我们会在下面章节探讨这些问题。然而，这些问题都与上述观念一脉相承，只不过是这些观念在具体地方和具体情况的进一步运用而已。上述系列观念是从防御概念和防御与进攻的关系中发展而来。我们把这些简单的观念同现实联系起来，也就显示出如何从现实推导到这些简单的观念上来，形成一个坚实的分析基础，以免在讨论问题时求助于那些本身只是昙花一现的论点。

但武装抵抗有多种多样的组合，这些组合可能改变武装防御的面貌，并使之呈现出不同的形式，尤其是在没有实际战斗发生但只是有可能发生战事而造成影响的事例中。以至于人们禁不住会认为这里有一些新的有效原则等着去发现呢。在直接战斗中的流血抵抗和避免流血的战略网所产生的效果之间存在着巨大的差异，这种差异使人们猜想还有一种新的力量在起作用，就像天文学家从火星和木星之间的巨大空间推断出还有其他行星存在一样。

如果进攻者发现敌人的阵地牢不可破，或发现敌人远在不可逾越的河对岸，或害怕再往前走就会危及到自己的粮草供应，也仍然只是防御者的武力才会产生这种效果。真正让侵略者裹足不前的是害怕被防御者的军队击败，不管在重大战事中，还是在某些特别重要的地点上。不过，他不太可能承认这点，至少不会公开承认。

我们得承认即使是通过不流血的形式来决出胜负，那归根结底也是通过战斗定下来的，这个战斗并没有实际发生，而仅仅是摆出一副战斗姿态。在这种情况下，人们认为是这些战斗的战略计划而不是战术决定应该被当作有效因素。而且，只有在防御中使用武力之外的手段时，这种战略计划才会占主导地位。我们承认这种说法是正确的，但这正是我们想要讨论的问题。我们要说的实际上就是：如果战斗的战术结果被认为是所有战略计划的基础，很有可能会产生一种危险，即进攻者会针对这个基础采取有效的措施。进攻者首先会努力取得战术优势，以便挫败敌人的战略计划。因此，战略计划绝不可看作是独立的东西：只有在有理由相信会取得战术成功时，战略计划才能发挥作用。为了简要地解释一下我们的意思，让我们来看看波拿巴这样的统帅：他就能无情地打破敌人的所有战略计划，不顾一切地寻找战机，因为他很少怀疑战斗结果会不利于他。所以，每当战略家不尽全力在战场上以绝对优势打败他，每当这些战略家玩起了微妙的阴谋（这是软弱的表现），他们的计划就会像蛛网一样被一扫而空。这一类的战略计划足以挫败道恩这样的统帅，但如果用普鲁士军队在七年战争中对付道恩及奥地利人的方法来对付波拿巴，那可是大错特错。为什么？因为波拿巴清楚地意识到一切都取决于战术成果，并且他有信心能取得战术成果，而道恩在这两方面都比不上波拿巴。这就是为什么我们认为有必要强调一下，所有战略计划只取决于战术成功，不管有没有在战场上决出胜负——在所有情况中，战术成功是决定胜负的基础。只有当你不需要害怕战斗结果时（或许因为敌人的特点所致或敌人的处境不佳，或因为两支军队在物质上、精神上旗鼓相当，或你这一方还较强），只有这样你才可以指望仅从战略计划取得好的结果。

我们回顾战争史就能发现在大量的战役里，进攻者没决战就中止了自己的进攻，这看起来是战略计划起了作用。这时我们可能会相信至少这些战略计划组合具有巨大的内在力量，只要前提不是进攻在战术环境里具有决定性优势，这些战略计划通常就能自己决定战斗结果。对此，我们的回答是在战区局势里，因而也在战争中，这种猜测也是错误的。大部分进攻不见成效，那是有一般条件、政治局势这些原因在里面起作用。

引起战争、形成战争自然基础的一般条件也决定了战争的特点。这将在后面的“战争计划”部分详谈。但这些一般条件把大部分战争变成大杂烩般的事务，战争中原本有的敌意不得不迂回曲折地穿行于各种冲突的利益之中，大大减弱了其气势力度。这必然会用特殊的力量影响到进攻者，也就是采取积极行动的一方。难怪人们打一个响指就能让打得不可开交的攻势停下来。对付一个顾虑重重、决心已消磨殆尽的敌人，往往只要做做抵抗的样子就已足够。

我们可以看到在多种情况下，防御者不战而胜的原因不是因为他拥有许多固若金汤的阵地；也不是因为战区里横亘着连绵的大山，或有宽阔的江河贯穿其中；也不是因为他可以用精心策划的系列战斗轻而易举地把敌人打得无还手之力。真正的原因在于进攻者的决心太弱，造成他心存畏惧、踌躇不前。

我们可以而且必须考虑以上所述的这种抵消力量，但要认清这种力量的本来面目，不要用别的（我们在此所唯一关注的）理由来解释它们的后果。我们必须强调一下，如果批评家不站在正确的立足点上，战争史就会变成谎言和欺骗的历史。

在这个问题上，让我们来看看大量不战而败的进攻战役，了解它们最普遍的形式。

侵略者打进敌国，迫使敌人后退了一段距离，便开始怀疑有没有冒险进行决战的必要。他停下来，面对自己的对手，做出一副征服者的样子，只对守住已占领的地区感兴趣——总之，他表现出打仗已是敌人的事，他只要做好随时应战的准备就行。所有这些都是一个统帅用来欺骗军队、欺骗政府、欺骗整个世界，甚至欺骗自己的托词。事实真相是他发现敌人的阵地过于坚固。这里我们不是指那种战例——侵略者没有进攻是因为胜利对他没有用处，或因为他的推进已是强弩之末，他的元气还没有得到恢复，无法开展新一轮攻势。那样的情况是以有一次成功的进攻并确实征服了一块地方为前提的。但我们这里指的则是进攻者还未实现预定的征服目标就停滞不前的情况。

在这种情形下，进攻者是在等待于己有利的转机。通常，没有理由去指望会有这么一个转机出现，因为预定的进攻已透露不久的将来不比现状有更大的希望。因此，这也是一个新借口。如果像通常那样，这次行动是一次联合军事行动，需要与别国的部队密切配合，于是，正好可以把失败的责任推到别国的部队身上，把支援不足、合作不好作为他不出兵的借口。他会大谈特谈不可逾越的障碍，并在各种复杂微妙的关系中寻找理由。于是，他就这样在无所作为中消耗自己的力量，或者更确切地说，只做一些成事不足、败事有余的事。而同时，防御者却在赢得时间，这正是防御者最需要的。恶劣的气候开始临近，随着侵略者退回到他自己战区的冬季营房去过冬，一场攻势化为乌有。

这一整套虚假现象都被载入了史册，掩盖了最明显、最简单的事实：失败的原因是对敌军的惧怕。当批评家开始研究这一类战役时，他们往往迷失在正论和反论无休止的争吵中。他们找不到令人信服的答案，因为所有一切都来自猜测，批评家从未深入研究去寻找事实真相。

这种欺骗性不仅仅是一个坏习惯的问题，它的根源来自事物的性质。那种削弱战争原动力，特别是削弱进攻的砝码主要存在于政治关系和政府的意图中，政治关系和政府意图都是不会向世界、本国人民、军队甚至指挥官透露的。比如，没人会承认他决定停止或放弃是因为害怕自己力量会衰竭，或树新敌，或自己的盟友可能变得太强大。这一类事情都是长期被隐藏起来，可能永远不为人所知。同时，貌似真实的消息四处散布，司令官也为了自己或政府的缘故硬着头皮传播这一系列谎言。这种不断在战争辩证法里重复出现的虚张声势被当作理论构建成一套体系，这当然同样是具有误导性的。理论只有像我们试图做的那样遵从内在整体的线索，才能回到事物的本质。

如果带着怀疑的态度去读军事历史，与进攻和防御有关的大量冗词赘语就会坍塌，就会出现我们已提供的简单概念。我们相信这对整个防御领域是有效的，也只有坚定地带着这个态度去读历史，我们才能在一堆乱麻似的事件中理出头绪来，掌握事情的真谛。

我们来考察一下各种防御手段的使用。

它们都在强化同一件事，每一种手段都在向防御者索取不断增加的牺牲。如果其他情况相当，统帅的选择将很大程度上取决于这个事实。他会选择能使军队产生恰当抵抗力的手段，但避免撤退太多而造成的不必要的损失。然而，不得不承认，其他主要影响防御的因素已严格限制了不同手段的选择，并必定敦促统帅使用这个或那个手段。向腹地撤退需要广阔的空间，或者有类似于1810年葡萄牙[1]得到的条件：一个盟国（英国）在后方做坚强后盾，另一个盟国（西班牙）有广阔的领土，大大降低了敌人的作用。要塞的位置——靠近边界还是深入内地，也决定了采纳或不采纳某种方法。更具有决定性的是地形和国家的特性，以及国民的性格、习俗和性情。选择进攻还是选择防御，可能由敌方计划或双方军队及将帅的特点来决定。最后，拥

1　葡萄牙在拿破仑的半岛战役中被法军侵占。——编注

有或不拥有有利阵地或防御线也可能导致这种或那种方法的使用。总之,仅仅列举这些因素已足以表明在防御上,在手段的选择上,这些因素相较于单纯的力量对比更具影响力。对现在仅略提及的最重要的因素,我们在后面将更为熟悉,从而就能更详细地阐明它们在选择上施加的影响。最后,这些因素所包含的意义将在战争和战役计划那一篇中得到综合分析。

然而,通常只有双方力量差距不大时,这种影响才是决定性的;在力量悬殊的情况下(在大多数情况下),力量对比就起主要作用。战争史充分证明了这一点,人们用的不是我们在这里阐明的系列推理方法,而是通过直觉判断的隐蔽过程,在战争中这种过程司空见惯。同一个将军,同一支军队,在同一个战区,这一次还在霍恩弗里德贝格战斗,下一次却已撤入邦则尔维茨营垒。统帅中就连最好战的腓特烈大帝,在力量对比悬殊的情况下,最后也被迫采取严格的防御作战形式。波拿巴习惯于像野猪一样扑向敌人,但在1813年8月和9月间当他不再拥有优势兵力时,就像一只笼中困兽一样左冲右突,而没有不顾一切地冲向他的任何一个敌人。对这一点我们不会视而不见吧?同年10月在莱比锡,当力量悬殊达到顶点时,波拿巴躲进了帕斯河、埃尔斯特河和普来塞河形成的三角地带,好像在房间里被人逼到了墙角似的,他就是以这样的姿态等待他的敌人,这不是有目共睹的吗?

我们希望补充一点,尤其是在这一章里,我们的目标不是提供新的作战原则和方法,我们关心的是研究长期存在的方法的基本实质,找到它们的基本要素。

第二十六章　武装民众

在欧洲的文明地区，民众起义的战争已成为十九世纪的典型现象。对此，有人倡导，有人反对。反对者有其政治上的理由，认为这是一种革命手段，一种合法化的无政府状态，对国内秩序造成的损害不比对敌人造成的损害少。反对的理由也有军事上的，认为耗费的精力和能量大于所取得的成果。

第一种反对跟我们无关：在这里，我们只把民众起义看作另一种战争方法，也就是只从用它对付敌人的角度来考察它。然而，针对第二种反对，我们不得不指出，战争的暴力性把我们生活中的常规障碍一扫而空，民众起义一般来说可视为其结果。实际上，这是扩大和强化了那种被称为战争的发酵过程。从传统的、狭隘的军事制度来看，征用制、从该制度和普遍征兵制得来的不断增长的军队、民兵的雇用——所有这些都朝一个方向努力，地方志愿军和武装民众的征召也是如此。

前面提到的这些新方法是破除障碍后自然而不可避免的结果。这些方法大大增加了先采用它们一方的实力，致使另一方也备受启发，照搬不误。这也适用于人民战争。善于运用人民战争的国家通常比轻视它的国家占有相对的优势。如果真是如此，那么剩下的问题只能是这种扩大战争要素的新手段是否对整个人类有益处。这个问题，恐怕只有解答了战争本身对人类究竟有无益处，才能彻底得到解答。我们把这两个问题都留给哲学家去解答吧。但有人认为暴动中所消耗的资源在别的战争形式中能派上更好的用场。然而，无需长久研究就能发觉这些资源在别的场合根本就得不到，而且也不可能随意使用。其中一个重要的部分，即精神元素，只有在人民战争中才能充分地发挥其效用。

当一个国家处于全民皆兵的状态中时，问题不再是“对人民来说这有什么价值？”而是“全民皆兵的潜在价值是什么？它所需要的条件是什么？如何利用全民皆兵？”

从人民战争的性质来看，这种四处分散的抵抗形式不适合在时间和空间上高度压缩的重大军事行动。人民战争的效果就像蒸发过程的效果一样，面积越大，与敌人的接触面越大，也就是敌军越分散，群众起义的效果就越好。它就像闷燃的余烬，一点点吞噬敌军的根基。人民战争时间一长才能显出成效，因此敌我双方相互作用的时候，会形成一种紧张状态。如果暴动在某地被镇压下去，又在别处逐步平息下来，这种紧张状态就会渐渐得到缓解；但有时候，这种紧张会积累起来，成为一场危机，就像燎原之火迅速包围敌军，迫使他们为了避免全军覆没而退出这个国家。单靠民众起义来制造这场危机必须具备这样的先决条件：占领的地区幅员辽阔（在欧洲，除了俄国外找不到这种条件），或者就是入侵军队与被侵略国家大小的比例严重失调（这实践中根本不存在）。要想实际一些，我们应该考虑在正规军操作的战争框架里的民众起义，并通过一个总的计划使二者相互协调起来。

以下是让民众起义产生效应的几个条件：

1. 战争必须在国家的腹地进行；

2. 胜负不是由一次打击来决定；

3. 战区较大；

4. 民族性格适合这类战争；

5. 国家地形因有山脉、森林、沼泽或因当地耕作方法的特殊性而崎岖不平、通行困难。

人口的相对密度起不到决定性的作用，因为人民战争中很少有人员不够的现象。民众是穷是富也没有太大区别——至少这不是主要考虑的问题，尽管我们承认，穷人吃惯了苦，对物质匮乏的生活更习惯，通常会更加斗志昂扬、更加好战。

有一种乡村特色可以大大丰富人民战争的有效性，那就是彼此相距较远的散落的房舍和农庄。比如，在德国的许多地方就能发现这种景象。在这种条件下，地方被分割成许多零零散散的小块，生长着茂密的森林，道路很多但路况极差，宿营肯定要困难得多。最重要的是，民众起义的突出特征会在小规模的叛乱里不断重复，抵抗因子若隐若现，无处不在，但又处处找不到。在人口集中的村庄，可以给最不安分的村民派上镇守部队，或甚至洗劫这个村子，烧光、抢光以示惩罚。但在威斯特伐利亚农业区，这一类事根本就起不到作用。

民兵和武装民众不能也不应该用来抵抗敌人主力——或敌人的大部队。他们不是用来攻克核心，而是用来蚕食敌军边缘和外部。他们应只在战区外围活动——入侵者不多的地方，使这些地区摆脱敌人的影响。入侵者前进的时候，就让他们始终笼罩在雷声滚滚的人民战争的乌云之中。没有被敌人征服的民众急切希望武装起来抗击敌人，他们树立的榜样会被邻近地区的人民所效仿，反抗的大火以燎原之势蔓延，一直烧到敌人的根据地，威胁着敌人的交通线和生命。当然，我们不要过分信任人民战争的威力，也不要把它看作永无穷尽、无法征服的力量，不要以为就像人类无法驾驭风雨一样，军队也无法阻止人民战争的蔓延。总之，我们不能把判断建立在爱国宣传的基础上，但是也不能不承认，人们不能像驱逐一队士兵那样赶走武装农民。士兵会像一群牛一样依偎在一起，被人统一牵着鼻子走，而农民会四处散开，消失在各个角落，不需要统一安排。这就解释了小型部队穿越山脉、森林或其他难行的地方有多危险，任何时候的行军都会变成战斗。这个地区也许已没有敌军的踪影，但早些时候被纵队赶走的农民可能在任何时刻重新出现在纵队尾部。至于破坏道路和封锁隘口，正规军的前哨或别动队所能用的手段与起义农民的比起来，就像机器人操作与人工操作的相似度一样。敌军唯一能对付民兵行动的手段就是频繁派出护送部队来为自己的运输保驾护航，在所有停留的地方、桥梁、隘口等驻防。民兵的早期活动相对较弱，分遣队的动作也不大，因为害怕兵力分散。但这些分遣队对抵抗的火焰起到了煽风助燃的作用，有时候，民兵依靠人数上的优势战胜了敌军的小分队；勇气和对战斗的渴望会油然而生，紧张局势就会加剧，直到决一胜负的时刻到来。

人民战争应该若有若无，时隐时现，千万不能凝固成一个反抗核心。不然的话，敌人就会发动足够的兵力直捣这个核心，粉碎这个核心，俘虏大批人员。如果发生了这种事，民众就会一蹶不振，相信大势已去，继续反抗是徒劳的，于是纷纷放下武器。然而，在某些地点民兵有必要集中有生力量，让薄雾凝结成浓雾，最后形成黑云压城之势，而且随时都会发出闪电。这些兵力集结的地点，正如我们说过的，主要选在敌人战区的侧翼。在这些地方，暴动民众应整编成较大军事单位，组织性较强，派正规军军人支持，使他们看上去像正式的军队，使他们能够承担得起较大的军事活动。从这些地方向外，越靠近敌人的后方，民兵的力量应不断得到加强，而敌人的后方是薄弱环节，根本经不起民兵强有力的打击。较大的民兵组织应派去骚扰敌人留下的较大的守备部队。这些民兵部队的任务就是引起敌人的不安和忧虑，加深人民战争的整体心理效应。没有这些民兵存在，人民战争就不会给敌人留下深刻印象，整个形势就不足以使敌人感到风声鹤唳、草木皆兵。

指挥官可以派遣小规模的正规军来支持暴动民众，这样更利于规范和指导人民起义。没有这些正规部队鼓励，当地居民往往缺乏信心和主动性，不敢拿起武器。派遣去策动民众的部队越强大，他们的吸引力就越大，造成的最后的雪崩效应就越大。不过，也有一些限制因素。一方面让部队在这种次要目标上消耗力气对正规军来说可能是致命的——如果说把他们融入起义民众，只是为了组成长长的、脆弱的防线，这肯定会毁掉军队和起义民众。另一方面，经验告诉我们在一个地方部署太多的正规部队，会吸引太多的敌军，因而挫败了起义民众的活力和成效；同时，当地居民会过于依赖正规部队；最后，大部队驻扎在一个地方，会消耗当地大量的资源，如宿营、运输、征用等都要消耗人力物力。

防止敌人对民众暴动进行有效反扑还有一个办法，同时也是起义的基本原则，这就是：很少或绝不把重要的战略防御手段转变成战术防御。起义行动跟二流军队发起的军事行动十分相似，一开始民众满怀热忱和激情投入战斗，但时间一长，就暴露出缺乏冷静沉着和顽强精神的弱点来。如果一支起义军被打败了，作鸟兽散倒也无妨，他们就该打不赢就跑。但如果死伤过重，还有大量人员被俘，整个组织面临分崩离析的境地就不妙了，这种失败很快就能打消起义民众的斗志。民众暴动时间不宜过长，而且打不赢就该迅速撤离——这两个特点同战术防御的性质是完全不相容的。防御战应该是缓慢、持久、精心策划并带一定风险的事情。仅仅尝试一下就随意中断的做法绝不会产生成功的防御。所以，如果一个防区的防御交给地方志愿军来打理，他们最好避开重大的防御战斗，要不然，不论条件如何有利，他们也会遭到毁灭。他们可以也应该力所能及地保卫山口、沼泽上的堤坝或渡口等，但这些地方一旦被攻破，他们应该分散开来，用偷袭来继续抵抗，千万不要聚集在狭小的防御工事里，封闭在无路可逃的正规军的防御阵地上。不管这个民族有多勇敢，他们的传统多么充满尚武精神，他们对敌人多么仇恨，战斗的地点对他们多么有利，事实是当环境充满危险时，民族起义难以为继。因此，要想把人民战争这种燃料烧成熊熊烈焰，就必须保持一段距离，使足够的空气进来，起义就不会被一次打击所扑灭。

这番讨论更像一种对真理的探索，少了一点客观分析的味道，原因是这种类型的战争还不常见。能够观察过这种战争一段时间的人还未做过充分汇报。我们只是希望补充一点，那就是民众武装的支持可以通过两种不同的方式纳入战略防御计划：要么把民众武装作为战败后的最后手段，要么作为决战前的自然辅助手段。后面这种用法要以向腹地撤退为先决条件，以及本篇第八章、第二十四章描述的间接防御形式。所以，我们只需要就一场战斗失利后征召地方志愿军的问题补充几句。

不管一场战斗如何起到决定性的作用，政府也不能把国家命运、国家的生存悬在单独一场战斗的结果上。即使败了，也总有可能出现命运的转机。这种转机可能来自自己的军队有新鲜血液补充，来自敌人在长期进攻中所遭受的自然人员损耗，或来自国外的帮助。一次会战的失利离亡国还有很大距离，就像溺水的人本能去抓一根稻草一样，精神世界的自然法则表明当一个国家濒临深渊时，这个国家会想尽办法拯救自己。

不管国家相比于敌国有多小、有多弱，它不能放弃这些最后的努力，否则，人们会说这个国家的灵魂已死。不排除付出高昂代价求和，以避免彻底灭亡。但即使有这种打算，也不会排斥新防御措施的实用性。这些措施不会给和平添加困难和麻烦，只会使和平更顺利、更有利于自己。如果有望从愿意让我们国家存活的别国得到一定的帮助，这些措施就更值得了。在重大战事上失利的政府若只巴不得它的人民能够在平安中休养生息，而又被失败、失望的情绪所困扰，缺乏最后一搏的勇气和愿望，因为软弱而摇摆不定、前后矛盾，它这样会表明自己不配取得胜利，或许正因为此，它真的就不能取胜。

随着军队向腹地退却（不管这个国家败得如何彻底），要塞和人民战争的潜能就会被激发出来。从这一点看，如果主要战区的边缘有高山环绕或有其他崎岖不平的地形就更加有利了，那可以形成天然防御工事，因为防御者可以用战略性的纵射枪炮来教训入侵者。

胜利者一旦开始围攻，一旦留下强大的守备军队沿路保护交通线，或甚至派遣部队保障自己行动自由，不让邻省前来寻衅；他一旦因人员、物资的各种损失而被削弱，防御军队收复失地的机会就来了。来自防御者的一记位置精确的重拳定能动摇处境艰难的进攻者。

第七篇

进　　攻

第一章　进攻与防御的关系

当两个概念在逻辑上真正构成了对立，互为补充，那这二者就从根本上互相包含着对方的意义。纵使智力上的局限性让我们无法同时理解这两个概念，无法通过对立关系从一个完整概念里找到另一个完整概念的影子，它们各自还是可以阐明对方的许多细节。我们相信前面有关防御的章节已充分阐述了其中所涉及的进攻的方面，但并不尽然。没有一个分析系统能够得到彻底的开发，把所有问题都阐述完毕。当两个概念的对立不像在前面章节里那样与概念的基本部分紧密相连时，我们要说的进攻不会直接来自我们对防御的诠释。立足点的转换可以让我们对问题进行就近观察，把以前从远处考察的问题拉近距离研究。这能给我们以前的分析更多的补充说明，对进攻的诠释也将对防御概念产生进一步的启迪。

在处理进攻这个问题时，我们将不得不大量接触已经讨论过的话题。但我们不认为必须按照大多数工程学教科书的做法，在讨论进攻时规避或驳斥所有在防御概念中确认的积极价值，我们也不打算证明针对每一个防御方法，都有一种万无一失的进攻方法。防御有其长处和短处。虽然防御的长处不是不可攻破，但为攻破它而付出的代价相比之下会显得太大，这一点从任何立足点看都必然是正确的，不然的话，我们就是自相矛盾。我们也不打算详尽地分析这种进攻与防御之间的相互作用，每一种防御方法都能产生一种进攻方法，这一点常常是显而易见的，我们无须把进攻和防御都探讨一遍才了解：一种手段随着另一种手段的出现而自动生成。我们打算在每个具体情况下指出那些不是直接产生于防御的进攻特点。由此必然会有若干章节所讨论的东西在上一篇里没有对应论述。

第二章　战略进攻的性质

正如我们所见，一般性的防御（当然包括战略防御）不是绝对的等待和抵御，它并不完全是挨打，而只是相对被动的忍受。所以，多少带一点明显的进攻因素在里面。同样，进攻也不是单一的整体，它也一直包含着防御。两者的区别在于一想到防御，就会想到这个概念所包含的必然成分：反攻。进攻里面可不包括这一项，攻击性冲锋或行动本身就是一个完整的概念，无须用防御来补足。只是进攻受时间、空间的限制，不得不出于下策把防御纳入其中。首先，要知道进攻不可能凭单次持续不断的行动来坚持到最后，中间总是需要时间休息，在休息期间，进攻肯定不再进行，而防御就自然而然接管这段时间。其次，进攻部队的后方对部队的生存来说是至关重要的，部队进攻时无法对后方进行掩护，这块地方需要特殊保护。

进攻行为，特别是战略性进攻行为一直是进攻和防御的交替和组合，但防御不能看作是对进攻的预备或强化。而且与其把进攻中的防御看作一种有效因素，不如看作不得已的下策、一种妨碍前进的阻力、进攻本身固有的有害因素、进攻的致命伤。

我们称其为阻力是因为除非防御对进攻有益，否则防御就会破坏进攻的效果，至少造成了时间上的损失。作为进攻一部分的防御真的有可能成为不利因素吗？既然我们认定进攻是较弱的作战形式，防御是较强的作战形式，防御似乎不会对进攻构成不利，因为既然兵力足够用于较弱形式的话，用于较强形式肯定是绰绰有余。一般情况是这样。在“胜利的顶点”这一章中，我们将更深入地探讨这个问题。但我们不要忘了战略防御的优势部分地来自这样一种实情：没有一定的防御措施（作用相对要小得多的防御措施），进攻本身也无法生存。防御作为整体的意义不体现在这些具体的防御措施里，因此，我们不难理解这些防御措施会确实削弱进攻。正是进攻中的这种软弱防御是防御中的进攻行动所要利用的。

想想一天战斗下来自然形成的十二小时休战时间，双方的处境完全不同。防御者的阵地是经过精心挑选、精心准备的，而且是防御者非常熟悉的；而进攻者则像一个盲人一样踉跄跌入临时宿营地。由于需要更多的物资供应，或等待援军等等，还会出现更长的停战期，在这段时间里，防御者在自己要塞和补给站附近可以予取予求，而进攻者则像栖息在树干上的鸟儿一样凄凄惶惶。任何进攻都会以防御而告终，至于防御的性质是什么，这取决于具体情况。如果敌军被消灭了，情况是有利的；如果没有被消灭，情况就会变得很糟糕。虽然这种类型的防御不再是进攻的一部分，但防御会影响进攻，并决定进攻的效果。

所以，每次进攻都要把必不可少的防御考虑在内，清楚地了解进攻的弊端，做好准备。

但在其他方面，进攻是始终如一、没有变化的，而防御只要用上等待原则就可分为若干等级。由这些又可以产生根本不同的行动方式。这一点在“抵抗方式”那一章里已讨论过。

因为进攻只有一个有效因素，进攻中的防御只是拖后腿的累赘，所以进攻不像防御那样可分为若干等级。当然，在气势、速度和打击力方面会有很大差异，但这只是程度上的差异，不是类别上的差异。甚至进攻者为了顺利实现目标而选择防御形式也是可以想象的。比如,他会占领一个牢固的阵地,以期防御者会朝那个阵地进攻。但这类情况在实际中很少见,不值得我们列入概念和原则之中。概括地说,相比于不同类别的防御,我们不可能分门别类地区分进攻。

再者,进攻中可以使用的手段一般只限于军队——当然还必须加上位于战区附近的要塞,这些要塞在进攻中发挥着重要的作用。但是,要塞的作用随着军队向前推进而有所减弱,进攻者的要塞肯定不及防御者的要塞那么用途突出;对防御者来说,要塞往往是主要的防御手段。如果当地居民更喜欢进攻者,而不是自己的军队,可想而知,进攻是可以得到民众支持的。最后,进攻者可能会有同盟者,但只是在特殊或偶然情况下。同盟者的支持不是进攻本质里所固有的特性。因此,虽然我们说防御手段包括要塞、人民战争和同盟,进攻手段却不包括这些。对防御来说,它们是防御本身所固有的;对进攻来说,它们却是偶然因素。

第三章　战略进攻的目标

在战争中，使敌人屈服是目的，消灭他的有生力量是手段。这对进攻和防御都适用。靠消灭敌人的军队，防御转入进攻，进攻导致对敌国的征服。这就是目标，但不一定征服整个国土，可以只限于一部分，如一个省、一块领土、一个要塞等等。这些被占领的土地都在谈判中具有政治价值，不管是保留它们，还是用它们来交换别的东西。

因此，战略进攻目标可分为若干等级，从征服整个国家到占领一个无名小村。目标一达到，进攻就结束了，防御就开始走马上任。所以，战略进攻可看作一个界限分明的独立体。但在现实中，也就是如果透过实际事务来看问题，这种说法并没有得到证实。在现实中，进攻阶段——也就是进攻打算和采取的行动常常会转成防御行动，而防御计划则会发展成进攻行动。不管怎样，统帅从一开始就在脑子里存有一个坚定目标的情况很少见，他会宁可视情形而定。进攻的进展常会比他预料的要大。经过一段时间的休整后，他常常重新获得力量，但这不能看作是第二次完全独立的行动。或者，他也有可能比预料的要早一点被迫停止行动，但不放弃自己的计划，不转成真正的防御。所以可以清楚地看到，如果成功的防御可以不被察觉地转为进攻，那么进攻也可以不被察觉地转为防御。如果我们不想误用在进攻问题上的一般论述，就必须牢记那些不同等级的目标。

第四章　进攻力量的削弱

战略家主要关注的问题之一是进攻力量的削弱。是否意识到这种削弱，关系到他面临抉择时是否能准确地估计形势。

总体力量被削弱是因为：

1. 进攻的目标即占领敌人的国土（占领通常只在第一轮决战后开始，但进攻还会在第一轮攻势后继续）；
2. 入侵军队需要占领自己背后的地区，以确保交通线的安全并开发利用当地的资源；
3. 战斗伤亡和疾病减员；
4. 远离能补充兵员的地方；
5. 围攻或包围敌人要塞；
6. 放松了努力；
7. 同盟的倒戈。

但这些困难可以被其他加强进攻力量的因素所抵消。最后的结果只有在权衡了所有这些不同因素后才能定下来。比如，被削弱的进攻可能部分地或完全地被软弱无力的防御所抵消，甚至防御的软弱程度还超过了进攻的削弱程度。不过，后一种情况是非常不同寻常的。不管怎样，我们进行比较时，绝不应该比较战场上所有军队，而应该比较在前线或在决战地点对峙的双方军队。比如法军在奥地利、普鲁士的情况，法军在俄国的情况，同盟军在法国的情况，法军在西班牙的情况。

第五章　进攻的顶点

进攻的成功取决于力量对比上占绝对优势，无论是物质上的还是精神上的。在前面章节我们已经指出进攻的力量如何逐步被削弱。也有可能在进攻过程中优势会增长，但通常只会被削弱。进攻者买到了谈判桌上很有价值的利益，但必须在战场上以他的军队为现金来付款。如果进攻的优势虽然在日益减弱，但为和平打开了道路，进攻者的目的就算达到了。也有直接产生和约的战略进攻，但毕竟是少数。大部分进攻都会发展到只足以维持自保状态的那一点上，以等待和平的到来。一过那一点局势就会反转，还会遭到反击，其力量通常比前面的进攻力量更强大。这就是我们所说的进攻的顶点。因为进攻的目的是占领敌人的领土，所以这场只进不退的仗自然会一直打下去，直到进攻者耗尽自己的优势。这就促使进攻者朝着自己的目标奋勇向前，有可能轻易地超过预定目标。如果我们还记得有多少因素左右着力量的均衡，就能理解在某些情况下很难定夺究竟哪一方占了上风。这常常完全凭猜测。

所以，重要的是如何用细微准确的判断力来发现进攻的顶点。我们在这里突然碰到了一个明显的矛盾。如果防御比进攻更有效，那么进攻决不可能走得太远；如果较弱的作战形式足够强大，那么较强的作战形式应该更强。

第六章　消灭敌军

消灭敌军是达到目的的手段。这又该怎么去理解？要付出什么代价？

有可能出现的不同观点：

1. 只消灭为达到进攻目的而需消灭的那部分军队；
2. 尽可能地消灭敌军；
3. 消灭敌军时把保存自己实力放在首位；
4. 正如在第三章提过的那样，进攻者只在条件既对自己有利、又能达到预定目标的情况下消灭敌军。

战斗是消灭敌军的手段，但通过两种不同的方式，不是直接地就是间接地依靠一组战斗来实现目标。因此，虽然打仗是主要方法，但不是唯一方法。占领要塞或一块领土也等同于消灭敌军，而且还能导致对敌人作战力量的进一步破坏，不失为一种间接方法。

所以，占领未设防的地区除了有实现预定目标的直接价值外，还在消灭敌军方面有价值。诱使敌人离开他占领的地方与此没太大不同，也要以相同的方式来理解，不能把它看作真正用武力取得的成功。这些方法的价值被人夸大了，它们很少具备一场战斗的价值，还包含着一些可能已被人忽略的缺陷。但人们忍不住要使用这些方法,因为它们的代价最小。

人们应该把它们始终看作只能得到小回报的小型投资,只适合有限的条件和较弱的动机。但它们仍然比毫无意义的战斗更可取一些,因为从那种战斗中取得胜利毫无可利用的价值。

第七章　进攻战

前面对防御战所做的论述便于我们理解进攻战。

我们论述时考虑的是以防御为主导的战斗，这样便于澄清防御的性质。但这种类型的战斗不多，大部分防御战都是半遭遇战，防御因子在这一类战斗中有可能消失得无影无踪。进攻战就不会是这样，进攻战在任何情况下都保持自己的特点，而且当防御者不在真正的防御状态时，进攻战会更加彰显自己的特点。因此，非真正的防御战和真正的遭遇战相比，战斗的特点有所不同——表现在一方或另一方的作战方式不同。进攻战的主要特点是侧翼或迂回包抄防御者，也就是先发制人。

包围显然有很大的利益，但包围属于战术范畴的东西。进攻者不要仅因为防御者有办法对抗包围就置这些利益于不顾，因为只有在其他条件适合防御者采取对抗包围的手段时，进攻者才不能使用包围这一手段。防御者想要包抄正打算包抄自己的敌人时，他必须从一个精心挑选、精心准备的阵地开始运作。更重要的是，防御者不能真正充分利用防御可以提供的潜力。在大部分情况下，防御只是令人遗憾的权宜之计，防御者往往处在非常窘迫和危险的境地，因为做了最坏的打算，会在半路上迎击进攻者。结果，利用包围或变换前线位置的战斗本应该缘于交通线的便利，却实际上缘于精神、物质优势。比如马伦戈会战、奥斯特利茨会战、耶拿会战。在开始战役的战斗中，由于进攻者靠近边境线，进攻者的基地即使不比防御者的基地优越，但通常还是很宽大的，因此，进攻者可以采取一些冒险行动。顺便提一下，侧翼进攻（也就是变换了前线位置的战斗）比包围战有效。有人认为在一开始就应该像布拉格会战那样配上战略包围，这种看法是错误的。侧翼进攻同战略包围很少有共同点，后者是一件极端靠不住的事，等我们讨论战区进攻时，会就这一点谈得更多。如果说防御战中的指挥官，其目标就是尽可能推迟决战以便赢得时间（因为一场防御战如果在日落时还未见分晓，一般就可看作是一场胜仗），那么进攻战中的指挥官则相反，他的目标是速战速决。但太过匆忙，会遭致损耗兵力的危险。大部分进攻战中的一个特点是摸不清敌人的位置，只能像瞎猫碰到死耗子一般，比如奥斯特利茨会战、韦格勒姆会战、霍亨林登会战、耶拿会战和卡茨巴赫会战就是如此。情况越是不明，就越有必要集中兵力，就越需要多采用迂回，少采用包围。在第四篇第二章里，我们已经清楚地知道真正的胜利果实只有在追击中取得。就其性质而言，追击是进攻行动中不可缺少的一部分，在防御战中却不一定。

第十五章　寻求决战的战区进攻

这个问题的大部分内容已在第六篇“防御”中涉及到，通过那篇，已经充分反映出战区进攻问题。

有关独立战区的概念在任何情况下都与防御而不是进攻更密切相关。一些突出问题，比如进攻目的、胜利的影响范围已在第六篇里探讨过，真正进攻的本质特征只能与战争计划问题结合起来考虑。尽管如此，仍有几点需要在这里说明，我们先还是从打算进行大决战的战役开始讨论。

一、进攻的直接目标就是胜利。进攻者只能靠优势兵力来抵消防御者因防御位置提供的便利；也可能，进攻部队得知自己是进攻一方、往前推进的一方后会有一点小小的优越感，不失成为微弱的抵消因子。通常后面这一点被过高估计了，这种优越感维持不了多久，经不起严重困难的考验。我们自然假定防御者做起事来跟进攻者一样理智与正确。这么说是为了不让大家对突袭和偷袭心存幻想，人们通常认为这是取之不尽的胜利源泉。其实没有一定条件，奇袭和偷袭都无法实现。我们在别处已讨论了真正战略突袭的性质。

如果进攻者缺乏物质优势，就应该拥有精神优势来抵消他固有的弱点。如果精神优势也缺乏，进攻就没有意义，因为肯定胜不了。

二、谨慎是防御的精髓，勇气和信心是进攻的主心骨。这并不是说一方缺了另一方的品质也无碍，而是防御跟谨慎、进攻跟勇气和信心的关系密切一些。毕竟，这些素质之所以必要，就是因为军事行动不是数学题，而常在毫不了解对方或至多一知半解的情况下进行。我们只能信任那些最适合达到我们目标的指挥官。防御者的士气越低，进攻者的斗志应该越高。

三、胜利是以两军主力的冲突为先决条件的。这一点对进攻者来说更明确。进攻者的作用就是找到通常已确定位置的防御者并与之对垒。然而，在前面讨论防御时，我们说过如果防御者选了一个糟糕的阵地，进攻者不要急着去找他，因为在那种情况下防御者只得主动找过来，进攻者就能打他个措手不及。在那种情形中，一切都取决于最重要的道路和大方向。这一点在前一篇里没有提到，准备留到这一章里论述。我们现在就必须研究这个问题。

四、我们已经讨论过进攻欲实现的目的，也就是胜利的目标。假如我们打算进攻的战区包含这些目标，而它们也属于可能取得的胜利的范围，那么通往这些目标的道路就是攻击的自然方向。但是，我们不要忘了进攻的目标通常只有取得胜利后才实现，胜利必须始终跟目标一起考虑。所以，进攻者的兴趣不只是实现目标，而是以胜利者的身份实现目标。于是，他的打击不仅瞄准了目标，而且瞄准了敌人前往那个目标的必经之路。这条道路就成为第一个目标。如果我们在敌人抵达目标前截住他，把他和目标隔开，抢先敌人一步夺取这个目标，那么，我们就获得了全面的胜利。比如，进攻的主要目标是占领敌人的首都，当防御者还未来得及插入首都和进攻者之间时，进攻者如果径直去攻首都那就是犯了错误，他最好打击敌人和首都之间的交通线，一旦取得胜利，首都就唾手可得了。

如果能受到进攻胜利影响的地区没有主要目标，那么最靠近重要目标的敌人的交通线就是具有重大意义的地方。因此，每一个进攻者不得不问自己如何利用战斗后的胜利。下一个要达到的目标就指出了进攻的自然方向。如果防御者在那个方向占领了一块新的阵地，那么他的选择没错，进攻者不得不向他挑战。如果那块阵地坚固无比，进攻者就必须绕过它，尽管情非所愿。但如果防御者没有出现在应该出现的地方，进攻者应该自己朝那个方向移动。一旦进入同防御者并驾齐驱的位置——假设防御者此时没有横向移动，进攻者就应朝敌军的交通线进发，为的是适时向敌人挑战。假使敌军根本没有移动，进攻者就应该转而攻击敌人的背后。

进攻者选择行进道路时，宽阔的商衢是首选。但如果走商道就得绕太多的远路，我们就得选择更直接、即使是更狭窄的道路。如果没有可接近于直线撤离的道路，风险是很大的。

五、一心一意要开展总决战的进攻者没有任何理由分散兵力。如果他真这么做，只能说他犯糊涂了。他把各纵队部署在前线，这个前线的宽度应以各纵队可以同时投入战斗为准。如果敌人分割了自己的兵力，那是再好不过。只有在这种情况下，进攻者可以搞一些小型的战略佯攻。假如进攻者为此要分割兵力，他这样做没有错。

把部队分成几个纵队，这种做法在任何情况下都是不可避免的，这应该是战术进攻中实施包围的基础。包围是最自然的进攻形式，没有很好的理由不应该弃之不用。但包围必须是战术性的，在开展主攻的时候实行战略包围完全是浪费兵力。只有在进攻者强大到根本不会对战斗结果产生任何疑虑时，这种做法才是可取的。

六、进攻也需要谨慎：进攻也有背后和交通线需要保护。如果可能的话，进攻者应该依靠前进来展开这种掩护，也就是说由军队本身来完成掩护工作。如果出于这个目的要分遣部队，也就是分散兵力，这当然只会减弱主攻的力量。大部队通常总是在两端相距至少一日行程的前线上前进，所以，如果交通线和退却线不偏出太远，前线本身就能提供所需的掩护。

进攻者所面临的这些危险主要可以通过敌人的特点和情况来估计。如果主攻即将开始，情况紧迫，防御者无暇顾及辅助性的军事行动，进攻者通常不会有太大危险。但一旦进攻结束，进攻者转入防守状态，那么掩护背部就变得越来越迫切，也越来越重要。进攻者的后方比防御者的后方薄弱，所以防御者在真正转入进攻之前，甚至在撤退的路上就会对进攻者的交通线采取行动。

第十六章　不求决战的战区进攻

一、如果决心和实力不足以开展一场大决战，我们可能仍然想为一个次要目标发动一次战略进攻。假如进攻取得了胜利，目标达到了，整个局势又会趋于平静和均势。如果遇到严重的困难，进攻就不得不提早结束。取而代之的将要么是临时的进攻机会，要么是纯粹的战略机动。这是大部分战役的本质特点。

二、进攻的目标有：

1. 争夺领土。这可以保障粮食供应，有可能征到军税，保护本方领土，或获得可用在和谈桌上的筹码。有时候，军队荣誉会起一定作用，路易十四的元帅们指挥的战役中就不断出现这种情况。关键是如何保住已占领的土地。通常要在这块地方与自己的战区毗邻并且是战区的自然延伸部分时才有可能。只有这种被占领的地区可以用作谈判桌上的交换物，其他形式的占领都是短暂的，在战役中的持续时间不会超过冬季。

2. 夺取重要的补给站。如果不重要，它就不会成为整个进攻战役的目标。失去补给站对防御者来说本身就是损失，夺得补给站对进攻者来说本身就是收获。但对后者的主要利益是防御者会被迫撤退，放弃他本来会极力保住的领土。因此，补给站的获得更多是手段，在这里之所以看作目的，就是因为这是军事行动的最直接的目标。

3. 占领要塞。我们用了单独的章节为读者讨论这个问题。根据那一章所阐述的论点，要塞始终是最优先、最理想的进攻目标或战役目标——这里的战役指的是既不可能大获全胜，也不可能夺取敌人重要地区的战役。所以，这就很好地说明了为什么在像尼德兰这样到处都是要塞的地方，军事行动的目标总是占领这个或那个要塞，完全占领整个地方鲜有成为战役目标的时候。每一个要塞都被视为独立的单位，都有各自的价值。显然，人们更关注的是打下这个要塞是否轻松方便，而不是这个要塞的实际价值。

然而，围攻任何大小的要塞总是重要的军事行动，因为代价很昂贵——在并不为主要目标而战的战争中是一个重要考虑。所以这种围攻战必须纳入战略进攻的重要组成部分。这个地方越不重要，围攻的决心越不坚定，围攻的准备做得越少，即兴发挥的成分显得越多，于是，其战略目标就越会在重要性上严重缩水，适合这个目标的军队和意图也会变得十分弱小。这类战例往往是以虚张声势而告终，纯粹为了不丢面子地结束战役：作为进攻者总归要采取点什么行动吧。

4. 打一场成功的战斗、遭遇战，甚至会战。不管是为了战利品还是纯粹为了荣誉，或有时候只是为了满足主帅的野心。怀疑会有这种事发生的人根本就不了解战争史。在路易十四时代，法国战役的大多数进攻战就是这种类型。然而，令人更加注意的是，这些战斗并不是无足轻重的，不是单纯地为了满足虚荣心，它们对讲和起到了十分肯定的作用，相当直接地导向了最终目标。军队和将帅的军事荣誉和名声发挥的作用是无形的，但它们始终影响着所有军事活动。

当然，这种战斗是基于以下想法：1）取胜的希望较大；2）如果败了，损失也不大。我们必须小心，不要把这种在有限条件下为有限目标进行的战斗与那些因缺乏精神素质而无法取胜的战斗混为一谈。

三、上述目标除了第4项外，其他目标都可以不通过重大战斗就得到。进攻者为这些目标所使用的手段是针对防御者在战区内要保护的利益采取的。这些手段包括威胁防御者的交通线及补给站、富裕的省份、重要的城镇或关键地点，比如桥梁、山口等等；或占领其位置给防御者造成困难的坚固阵地；或占领重要城镇、富裕的农业区及有可能在劝诱下暴动的不安定地区；或威胁防御者一方力量较弱的盟军等等。如果进攻者能把交通线破坏到敌人不忍受惨重损失就无法将其复原的地步，如果进攻者去占领上述目标，那么，他就能迫使防御者放弃小一点的目标，抢占另一个阵地来掩护自己的背部和侧翼。于是，就会出现防御空当，就会有补给站或要塞暴露在进攻者攻击下，前者会被占领，后者会被围攻。大大小小的战斗会发生，但人们既不是愿意打这些仗，这些战斗本身也不是目标，只是不得已的下策。它们的规模和重要性带有很大局限性。

四、防御者针对进攻者交通线所采取的行动是一种反击，在一场意欲进行总决战的战争中，只有当这些交通线拉得很长时才能进行这种反击。但在不打算进行总决战的战争中，这种反击更恰当。不得不承认，进攻者的交通线很少有延伸很长的时候，但这里的关键并不是给敌人以重创，而是常常骚扰一下进攻者，让他的供应不能及时跟上就行了。如果进攻者的交通线不长，一定程度上可以由这种战斗的时间长度来补偿。所以对进攻者来说，掩护自己的战略侧翼是至关重要的。如果进攻者和防御者之间发展起了这种争斗或竞争，进攻者就得靠人数上的优势来弥补自己固有的不利条件。如果进攻者的实力和决心足以让他对敌人的军事单位、甚至敌人的主力发起总攻，这种悬在防御者头上的威胁就是进攻者最好的掩护。

五、最后，我们有必要提一下进攻者在这类战争中的另一个重要优势：相比于防御者，进攻者所处的位置能更好地判断敌人的意图和资源。预测进攻者的魄力和胆识比预测防御者是否在考虑采取重大反击要难得多。实际上，纯粹选择防御作战形式一般可以肯定没有积极的意图。另外，从准备活动来看，总反击和一般性的普通防守之间的差距比大型进攻与小型进攻之间的差距要大得多。再者，防御者不得不早做部署，这就给进攻者带来了后发制人的方便。

第二十一章　侵略

我们对侵略想要说的一切几乎都只限于解释词义。现代作家常常使用这个词——特意指明它的特殊性质。法国人书中总是提到“侵略战争”这个词。他们所理解的侵略战争就是任何深入敌人领地的进攻战，他们想把这个词的意思跟常规进攻的意思对立起来。常规进攻也就是那些只进犯了边境的战斗。这是一种不科学的语言混乱。进攻是在边境上停下来还是深入到敌人腹地，进攻者的主要目标是占领要塞还是找到敌人的抵抗主力并无情地追击，这些都不取决于采取的方式，而是取决于当时的情况，至少理论上不会有其他说法。在某些情况下，深入敌人腹地比停留在敌国边境更有章法、更为谨慎。但通常情况下深入敌国腹地正是一场激烈进攻取得成功的结果，因而与进攻没有什么区别。

第二十二章　胜利的顶点

不可能每次战争的赢家都能彻底摧毁他的敌人。胜利常常也有一个顶点，经验已经充分证明了这点。因为这个问题在军事理论里特别重要，是构成大部分战役计划的基础，也因为这个问题从表面上看似乎有很多矛盾，就像鲜艳的颜色会使人眼花缭乱一样，所以我们必须仔细研究，找出它的内在逻辑。

胜利通常来自一方的优势，来自物质和精神力量的总和。这种优势当然随着胜利的到来而增长，否则胜利就不会如此令人垂涎并让人为此付出高昂的代价了。优势的增长是胜利本身的自然结果。胜利的效果也能产生类似的影响，但不能是无止境的，只能达到一个顶点。那个顶点很快就能到达——有时候快到一场胜仗的整个成果只不过是增长了心理优势而已。我们现在来考察一下为什么会这样。

当战争开展起来时，军队总是不断遇到增加它们力量的因素和削弱它们力量的因素。问题是哪种因素占优势。这一方力量的每一次削弱都可看作另一方力量的增长。这种双向过程在进攻和防御中都能见到。

我们要做的就是在其中一个事例中研究这种变化的主因，同时决定另一个事例中变化的原因。

前进时导致力量增长的主因是：

（1）防御军队遭受的损失通常比进攻部队遭受的损失大。

（2）防御者遭受了固定资产的损失如军火库、补给站、桥梁等等，而进攻者却没有这些损失。

（3）我们已进入防御者的领地，防御者就会失去土地，继而失去资源。

（4）进攻者从对资源的使用中获利，换句话说，进攻者的生活费由敌人承担。

（5）敌人失去了内聚力和其力量的组成部分之间的协调运作。

（6）有些盟国脱离了防御者，有些向侵略者倒戈。

（7）最后，防御者丧失了勇气，甚至有时放下了武器。

入侵部队力量损失的原因是：

（1）入侵者被迫围攻、封锁或监视敌人要塞，而防御者如果以前在做同样的事，现在则可以把为此所用的部队加入到主力中去。

（2）入侵者一旦进入敌国境内，战区性质就变了，变得充满敌意。入侵者不得不派兵镇守，因为只有这样才能控制这个地方。但这样就会给整个战争机器制造困难，不可避免地削弱机器的作用。

（3）入侵者远离自己的供应基地，而防御者离自己的供应地很近。这就造成进攻者不能及时补充失去的力量。

（4）威胁防御者的危险会招来盟国帮助。

（5）最后，处在真正危险中的防御者决定背水一战，置之死地而后生，而胜利者却松懈下来。

所有这些有利和不利条件都同时并存，仿佛两个面对面走过来的人碰头后又按原来的方向各自离去一样，只有最后这一对无法绕过对方，所以就相互排斥。单凭这点已足以显示胜利带来的千差万别的影响，它可以让战争的输家惊惶失措，也可以激发他发挥更大的能量。

我们给以上几点作一个简要说明。

（1）敌人的损失可能在他新败那阵子达到顶峰，然后每天有所减少，直到他又能跟我们平起平坐为止。然而，他的损失也可能日益增加。所有一切都取决于整体局势和情况的不同。一般来说，素质好的军队可能会出现前一种情况，素质不好的军队常出现后一种情况。除开部队的精神状态很重要之外，政府的精神状态也是最重要的。在战争中区别这两种情况很有必要，否则你就会在应该开始的地方止步不前，反之亦然。

（2）敌人的固定资产损失同样会有所减少或增加，取决于供应站的地理位置和性质。顺便说一句，现在这一点已经不再跟其他问题一样重要了。

（3）第三个好处随着军队向前推进而有所增加。我们可以说只有当军队深入敌人腹地——已取得三分之一，至少四分之一的土地后，这个好处才显露出它的重要性。此外，还要考虑这些地区在军事上的特殊价值。

（4）随着军队前进的步伐，第四点好处肯定也有所增加。

上述后面这两点好处，我们应该注意到它们很少直接对行动中的军队起作用。它们的作用是缓慢而间接的。所以，我们不必在这两点上花太多力气，也就是说不要为此让自己陷入危境而难以自拔。

（5）第五点好处也是在军队前进了一段距离后才显露出来，并且是敌国的布局可以让某些地区与别的地区隔开来时。就像扎得紧紧的花束，那些地区很快就会凋谢而亡。

（6）（7）第六点和第七点的好处不管怎样都会随着军队前

进而增加。我们以后会重新提到它们。

现在我们转到力量损失的原因上去吧。

（1）在大多数情况下，当军队前进时会有更多的围攻、封锁和包围要塞。这些事本身就是削弱武装力量的因素，很容易抵消掉前进带来的种种好处。当然，现在人们用很少的兵力封锁要塞，用更少的兵力监视它，而敌人不得不派兵守住这些要塞。尽管如此，要塞仍旧是重要的安全保障。通常一半驻守要塞的部队都未参加过战斗，但进攻者想要封锁交通线附近的要塞，需要动用比守备部队多出一倍的兵力，如果正式围攻一个重要的要塞，使其断粮，就必须动用一个小军团。

（2）第二个力量削弱的原因，即在敌国境内建立战区，这当然随着军队的推进而呈扩大的趋势。这种不断扩大的战区也许不会马上耗尽军队的力量，但在长时间里，它对军队的消耗作用比上一个因素还要大。

敌人领土中唯一可看作自己战区的是被己方部队占领的地方——在野外留下小部队，在大城镇或兵站上间或驻守一些守备部队等等。这些守备部队虽然人数不多，但都在消耗整个军队的战斗力。不过这种消耗还算是不重要的。

每支军队都有战略侧翼——就是交通线两侧的地方。但由于敌军也有战略侧翼，所以这些都不能算作我们的软肋。不过，只在自己国家才能这么看问题，一旦在敌国土地上，这个弱点就暴露出来了。如果一条长交通线没有得到妥善掩护，甚至不加掩护，最小的军事行动都能一击成功，而在敌人领土上，从四面八方来的袭击者更是不乏其人。

前进得越远，这些侧翼就拉得越长，由此产生的风险就越大。不仅对这些侧翼加以掩护很困难，而且长长的、没有保护措施的交通线会大大激发敌人的冒险精神。如果在撤退时失去交通线，后果不堪设想。

进攻部队每前进一步，所有这些都会给他们增添新的负担。所以，除非进攻者占绝对优势，否则他会发现自己的行动越来越受限制，进攻能力在逐步削弱。最后，他会不知所措，为自己的处境焦虑不安。

（3）随着向前推进，这个日益被削弱的部队离补充兵员的地方越来越远。这就是第三个不利因素。在这种时候，一支出征的军队就像一盏灯的亮光，灯油越薄，越远离灯芯，亮光就越弱，直到最后完全熄灭为止。

的确，远征军沿路获得的财物可以缓解这个问题，但绝不可能彻底解决这个问题。总有一些东西必须从家乡运来——特别是人员。一般来说，从敌国运来的物资不像从本国来的那么及时可靠。在紧急情况下，援助不能及时到位，误解和各种错误也不能及早发现和得到纠正。

如果一位君王没有像在最近战争中常见的那样御驾亲征，而且人们不容易联系上他，那么传递信息方面损失的时间就成为新的、严重的障碍，因为指挥官权限再大也不足以对付他活动范围内所有不测事件。

（4）政治结盟的变化。如果这些胜利带来的变化对胜利者不利，那么，其不利的程度可能与胜利者前进的进度是呈正比的；如果对胜利者有利，那么也是呈正比的。一切都取决于现存的政治关系、利益、传统、政策方针和君王、大臣、宠臣、情妇等的个性特征。一般只能这样说，如果一个盟友不多的大国被击败了，盟友会背离它，而胜利者将随着每次出击而日益强大。相反，如果被击败的是一个小国，这个小国的生存受到威胁时会很快招来保护国，而那些可以帮助威胁这个小国生存的国家会因认为胜利者做得太过分而撤出。

（5）敌军持续增长的抵抗能力。有时候，被打得猝不及防、惊慌失措的敌人会放下武器；有时候敌人会突然振作起来，齐心合力地拿起武器，组成比第一次战败前要强得多的抵抗力量。如果我们要判断出敌人究竟会做出何种反应，必须了解该民族和政府的性格、国家的性质和国家政治关系。

仅第四、第五点就使我们能够并且必须据此制订的战争计划出现很大的不同。有人会因胆小和墨守成规而失去最好的战机，有人则不顾一切地一头扎进去，然后就像从水里捞出来那样惊恐万分、狼狈不堪。

再者，我们应该意识到当战胜危险之后，胜利者常常会出现松劲的情况；偏偏为扩大胜利成果，人们需要付出新的努力。如果我们全面地考虑这些矛盾的因素，无疑会得出结论：对胜利的利用，也就是乘胜追击通常会消减我们在战役开始时或取得胜利所获得的优势。

说到这一点，我们肯定要问，如果真是如此，赢家为什么还要顺着胜利的道路走下去，为什么还要乘胜追击？我们还能把这称为“对胜利的利用”吗？胜利者是不是该在失去优势之前见好就收呢？

显而易见，答案是优势兵力不是目的而是手段。目的不是让敌人屈服，就是至少夺走敌人部分领土——这样做的意义不是为了加强目前的军事地位，而是为了战争的前景及和谈于己有利。即使我们试图彻底消灭敌人，也必须接受这个事实，那就是我们赢得的每一步都可能削弱己方的优势——当然，我们的优势并不一定会在敌人投降之前消失殆尽。敌人可能会提早投降，如果能用最后一点优势迫使敌人投降，那么，不这样做的话就是一个错误。

因此，我们拥有的和从战争中赢得的优势只是手段，而不是目的，而且这个手段必须用来达到目的。但我们应该了解把优势用到什么程度不为过，因为超过这个程度，我们非但得不到新的利益，反而会自取其辱。

无需用举例来证明优势的丧失如何影响战略进攻。这种情况发生的次数太多，我们有必要研究一下其内因。在文明国家之间的战争里，只有随着波拿巴的崛起，优势才一直持续到敌人被打垮为止。在他之前，每次战争都是以胜方力图与敌人达到势均力敌的状态而告终。一旦达到那一点后，胜利不再向前推进，军队甚至可能撤退。在不以消灭敌人为军事目标的每一次未来战争中，这个胜利的顶点肯定会不断出现，大概大多数战争都是这样的情况。所以，所有战役计划的自然目标就是进攻转防御的转折点。

我们如果想越过那个胜利的顶点，那只会是徒劳无功的，事实上还是有害的努力，会引起敌人的还击。经验告诉我们这类还击往往会发挥相当大的作用。这种现象很普遍，很自然，也很容易理解，无需费力去研究它的原因。主要原因无非就是在新近占领的地区缺乏统一的管理，而且所蒙受的重大损失和希望得到的成功之间的鲜明差异会产生心理效应。普遍存在着两种极端情绪之间积极的相互作用——一方面情绪高涨到自吹自擂的地步，另一方面情绪则十分低落。结果是在撤退过程中，进攻者遭受的损失要大得多，牺牲的如果只是已占领的他人土地，而不是自己的国土，就已是够幸运的了。

在这里我们要排除看似矛盾的现象。

矛盾是基于这样一个想法：只要进攻还在继续，说明进攻者还存有优势。既然防御（更有效的作战方式）必然在进攻结束的那一刻起开始，那么进攻者在不知不觉中变成了弱方的危险就不会太大。然而，事情往往是这样——我们看过历史后不得不承认，失败的危险往往在攻势消失、转成防御的时候才达到顶点。我们应该寻找其中的原因。

防御作战形式所具备的优势取决于以下几点：

（1）利用地形之便；

（2）拥有统一管理的战区；

（3）民众的支持；

（4）守株待兔的好处。

显然，这些因素的作用和有效性不是处处都相等的。一个防御战和另一个防御战不会一模一样，防御相对于进攻的优势也不是同等程度，特别是在一场进攻衰竭后就出现防御更是如此，这种防御的战区正好位于深入敌人腹地的进攻楔状队形的顶端。只有上述四点因素中的第一点（即利用地形之便）可在这种防御中保持不变，第二点因素通常不予考虑，第三点因素只会起反作用，第四点因素也大大削弱了。对这最后一点因素稍加解释还是有必要的。

在想象出来的势力均衡中，整个战役常常毫无结果地结束，因为攻方下不了决心。在我们看来，这正是为什么守株待兔有利可图。但如果进攻颠覆了这种均势，破坏了敌人的利益，迫使敌人采取行动，那么，敌人就不太可能按兵不动、犹豫不决了。在占领的他国土地上进行防御比在本土上进行防御更具挑战性，就是说更带有进攻性，从而削弱了防御的本质特点。道恩让腓特烈在西里西亚和萨克森平静地进行防御，如果在波西米亚[1]，他是绝不会允许的。

所以说，在进攻框架里进行的防御会在所有关键特点上遭到削弱，从而不再具备防御本身拥有的优势。

---

1 波西米亚属于奥地利领土，而西里西亚是有争议地区，萨克森是独立王国。——编注

正如防御战役不会只带防御性，进攻战役也不会只带纯粹的进攻性。双方都在每个战役短暂的间歇里采取守势，此外，每次没有导致媾和的进攻必然以防御告终。

由此可见，是防御本身削弱了进攻。这种说法并不是无意义的诡辩，我们把进攻之后转入尴尬的防御位置看作是进攻战的最大不利。

这就解释了为什么进攻和防御这两种作战形式会在原有的有效性上逐步缩小差距。我们现在要指出，这种差距有时会完全消失，并且会完全逆转。

我们用大自然来做类比，可以更加简明地解释这个问题。每一种物质力量要发挥作用都需要时间。如果缓慢、逐渐地运用一种力量，就足以阻止一个运动中的物体；而如果留给它起作用的时间不够，它就会被运动中的物体所克服。物理学中的这一法则反映了我们精神世界里的许多特点。我们的思路一旦设定在某个方向上，许多本足以转移或阻止它的原因就无法再发挥作用了。要想转移和阻止这个思路需要时间、从容不迫的心态和对意识持续不断的影响。在战争中也是如此。人们一旦确定朝一个目标努力，或决定折回来寻求庇护，那么很容易会出现这种事：他们不能完全领会迫使其放弃行动或推动其采取行动的观点。同时，行动在继续，不知不觉中，人们动作的幅度超出了均势的界限，超过了胜利的顶点。进攻者甚至可能得到进攻所特有的精神力量的加强，虽然疲惫不堪，但发现继续进攻比停下来要轻松一些——就像一匹马朝上坡拉货一样。我们相信这圆满地解释了进攻者如何会越过胜利的顶点，其实如果他在那一点停止进攻，转为防守，仍然会有成功的希望——也就是获得均势的希望。所以，在作战役计划时，正确地测算出这一点很重要。进攻者会贪多嚼不烂，防御者在敌人这样做的时候必须发现这个错误，然后充分利用这一点。

纵观一系列的因素，司令官在做决定之前必须权衡再三。而且我们不要忘了他只有考虑到诸多其他可能性——有的近，有的远，才能找到最重要因素的发展方向和价值。也就是说他必须猜测：猜测第一场战斗的震撼力是否坚定了敌人的决心，加强了他们的抵抗力，或者，敌人是否像博洛尼亚长颈瓶一样，表面出现划痕就立即粉碎；猜测当某些补给站告罄、某些交通线被切断时，敌人被削弱的程度和遭致瘫痪的程度；猜测敌人在伤亡造成的巨大痛苦面前是一蹶不振，还是像受伤的公牛那样暴怒疯狂；猜测其他国家的反应是害怕还是被激怒了，政治联盟是否会解散或组成，涉及哪些国家。当我们意识到他必须像射手射中靶子一样，用他精明的判断力来考虑所有这一切和其他方方面面的东西时，我们不得不承认这是一种了不起的智力活动。从四面八方来的歧途迷惑着司令官的感知能力，就算问题本身的错综复杂、混乱不堪不足以叫他举棋不定，其危险性和所承担的责任也会难住他。

所以，大多数司令官宁可在达到目标之前停下来，而不愿冒险过于靠近目标；所以，充满勇气和冒险精神的司令官常会越过目标，反而达不到目的。只有能用有限的手段取得伟大成果的人才可以真正击中靶子。

第八篇

战争计划

第八课

欧村电讯

第一章　引言

在有关战争性质和目的的章节里，我们粗略地讲了一下战争的一般概念，以及战争与其他物质和社会现象的关系。这样做是为了给我们进一步的探讨一个正确的理论开端。我们提示过困扰这个问题的各种理论障碍，但打算以后再详细研究。我们得出的结论是所有军事行动的总目标就是打垮敌人，也就是消灭敌人的军队。所以在其后的章节能指出战斗是战争唯一可以使用的手段。这样，我们希望已经建立了一个既正确又实用的假设。

我们一一研究了战争中突出的模式和局势（战斗本身除外），试图更精确地衡量每一种模式和局势的价值，既根据它们的本性，也参照战争经验。我们还努力剔除模棱两可、含糊不清的概念，明确地指出消灭敌人才是最重要的。

我们现在又回到作为整体概念的战争，回到战争计划和战役计划的讨论。这表明我们将回到第一篇里提到的问题。

下面章节将从整体上处理战争问题。所涉及的有战争中起主导作用、最重要的方面：纯战略。走进这个关键领域——所有其他线索都汇聚在这个中心点上，我们不敢说一点也不畏惧。的确，这种畏惧情有可原。

一方面，军事行动看上去极其简单。最伟大的将军总是用简单直白的语言讨论军事行动。听他们说如何控制和管理庞大、复杂的战争机器时，人们会认为只有说话的人最重要，战争实际上变成了个人之间的竞争，变成了一种决斗。将军们略加思索就能做出决定，或者意气用事也无妨，我们得到的印象是伟大的指挥官可以轻松笃定地处理事情，几乎是不假思索的。另一方面，我们又注意到战争牵涉到许多因素，对它们都需要一一掂量。原因和结果之间存在着宽广的、甚至无边无际的距离，而且这些因素之间存在着无数的组合。理论的作用就是把所有这些清晰明了地、系统地组织起来，并为每一次行动寻找翔实的令人信服的理由。考虑这些时，我们会害怕不可抗拒地陷入枯燥迂腐的状态中，在毫无趣味的概念迷宫中四处碰壁，却找不到一位能够轻松洞察一切的伟大指挥官。如果这是理论研究的最好成果，索性先不进行这番研究反而更好一些。真正才华横溢的人根本瞧不起这种理论，人们很快就会忘记它。归根到底，还真是指挥官的眼力、他深入浅出看问题的能力以及把整个战争与他本人等同起来的做法才是帅才的精髓。只有当人们能够像这样综合地运用头脑，才能获得操控事态发展的自由，而不是被事件牵着鼻子跑。

我们忐忑不安地承担起这个任务，除非从一开始就沿着我们自己设定的路线走，否则就会失败。理论应该对所有的现象投射一种持续稳定的光亮，这样我们才能毫不费力地认出无知的莠草并把它们铲除掉；理论应该阐明事物之间的相互联系，分清哪些是重要的，哪些是不重要的。如果概念主动形成我们称为原则的核心真理，如果概念自动组成我们称为规则的东西，理论的任务就是要把它们指出来。

理论提供的好处还有，当人们在基本概念里徜徉时，可以获得和积累洞察力。理论不能提供解答难题的公式，不能在路两旁种上原则的树篱来标出只有唯一答案的小径，但它能让人透视大量的现象，透视事物的相互联系，然后让人自由地进入较高的行动领域。在这个领域，人们可以把天赋发挥到极致，运用综合智慧来捕捉正确和真实的东西，仿佛这是一个由天赋高度浓缩产生的思想精华——与其说是思考的产物，不如说是对直接挑战的高超的应变能力。

第二章　绝对战争和现实战争

战争计划囊括战争的方方面面，并把所有这一切编入只带一个最终目的的统一行动中，所有其他特殊目标都必须与这个最终目的保持一致。没有人在不知道要用战争达到何等目的和如何开展战争之前就发动战争——至少神智正常的人不会这么做。战争要达到的目的是政治目的，如何展开战争是作战目标。这是主导原则，为战争设定总的方针，规定使用手段的范围和所用力量的大小，而且一直影响到最小的军事行动环节。

我们在第一章里说过军事行动的自然目标是打败敌人，严格来讲这个概念在逻辑上不可能容许其他目标。因为交战双方的想法都肯定是一致的，那就是除非其中一方最终被击败，不然的话，军事行动不会停止，敌对情绪不会消失。

在中止军事行动那一章里，我们指出战争机器本身所固有的因素是如何中止和修改体现在人身上的敌意，以及战争所包含的一切。然而，这个修改过程仍然无法填补纯粹的战争概念和战争呈现的具体形态之间的鸿沟。大多数战争看上去似双方愤怒的大爆发，任何一方都觉得必须拿起武器保卫自己，震住对方，偶尔给予对方以真正的打击。一般来说，战争并不是两个互相破坏的因子直接冲突，而是暂时分隔的双方之间存在的紧张状态，用断断续续的、小型的撞击来释放能量。

那么阻止战争全面爆发的绝缘体是什么？为什么理论概念

在实践中得不到充分体现？这个绝缘体就是受战争影响的国家事务中的系列因素、力量和条件。这些东西纠葛缠绕在一起，在它们无数的作用下，逻辑不可能根据两三个推论向前发展。逻辑迷失在这些因素、力量和条件相互作用的迷宫里，而那些处理大大小小事务的人习惯性地只凭主导印象或感觉，而不是凭严格的逻辑行事，他们并不知道自己处在混乱矛盾和模棱两可的状态中。

总指挥官可能确实调查过所有这些情况，而且无论做什么都一刻没有忘记他的目标，但其他相关人员不可能都拥有这份睿智，因而会出现反对意见，这样就必须有克服众人惰性的力量存在，但通常这种力量的力度不够大。

这种矛盾会出现在交战双方的任何一方或双方身上。这就是战争最后变得跟理论上的战争完全不是一回事的原因，也是战争变得缺乏逻辑条理、不是纯粹战争的原因。

如果不是我们亲眼所见战争在现实中达到的至臻完美，恐怕以上所述就是战争的通常面貌，而且人们还会怀疑我们关于战争绝对形态的概念不会有什么现实意义。法国大革命拉开序幕后不久，波拿巴迅速发起战争，无情地把它推到具有战争绝对形态的那一点上。在波拿巴手里，战争必须不带喘息地进行着，直到敌人屈服为止，而且反击也是几乎同样紧张地进行下去。这种现象促使我们很自然地、不可避免地倾向于接受纯粹意义上的战争概念和这种概念所固有的严格含义。

那么，我们是不是就以此为标准来衡量所有的战争，不管它们跟上述的战争概念多么的不靠谱？我们是不是应该以此来推演出整套战争理论？关键在于这是否应该是唯一的战争形式，还是可能有其他的可以称为战争的形式。在我们能对战争计划提出合理建议之前，我们对这些问题必须有个明确的回答。

如果采用绝对形态的战争的概念，那么，我们的理论在各个方面都符合逻辑必然性，一目了然，没有模棱两可的东西存在。如果真是那样的话，除开某些古罗马时代战役外，我们对从亚历山大一直到波拿巴的战争还能说些什么呢？我们只会彻底地否定它们，但如果真这么做了，我们不得不为自己的狂妄感到惶恐不安。

更糟糕的是，尽管我们有理论，十年后还会出现与我们理论不相符合的战争。我们的理论虽然逻辑性很强，却在现实中用不上。因此，我们的战争概念应该朝现实中进行的战争的方向发展，而不应该只基于战争的纯粹定义。应该给所有外部因素留有余地，应该考虑到自然惯性，所有各部分之间的摩擦阻力，所有人为因素造成的不一致、不准确和胆怯。最后，我们必须正视这个事实：战争和战争所具有的形态来自充斥那个时代的思想、情感和条件。老实说，我们不得不承认，即使波拿巴领导的战争表现出战争的绝对形态，也免不了受到当时思想、情感和条件的影响。

如果上述所言是正确的，如果我们承认战争的起源和形态不是大量情况最终解决的结果，而只是从起主导作用的特征而来的，战争因此就会取决于可能性和盖然性、好运和厄运之间的相互作用，而逻辑推理常常在这些方面起不到任何作用，往往是最不合适、最笨拙的智力工具。因此，战争也可以是一个程度问题。

理论应该包容上述所言，但理论也有责任优先考虑战争的绝对形态，将其变成研究问题的基本出发点。这样的话，要想从理论中学习战争的人就可以养成牢记这个出发点的习惯，用它来衡量所有的希望和恐惧，在可能和必要的场合使战争接近这个绝对形态。

构成我们思想和行动的原则肯定会赋予思想和行动某种风格和特色，尽管我们行动的直接原因来自于他处。这就像画家用底色来给自己的作品加上某种情调一样。

如果说现在理论能有效地做到这点，这归功于最近发生的战争。如果没有关于战争破坏力的例子对我们起到告诫作用，理论等于是对牛弹琴。没人会相信现在所经历的一切是可能的。

1792年普鲁士如果隐约知道失败的后果足以颠覆古老欧洲的力量均衡，还胆敢用7万人入侵法国吗？1806年普鲁士如果知道它的第一枪会击中地雷，把它自己炸上天，它还会用10万人向法国开战吗？

第三章　战争的内在联系

战争的内在联系

既然战争可以从两个方面来看待——战争的绝对形态和战争的种种现实形态，战争的结果也可以是不同的两种概念。

在战争的绝对形态里，一切都由必然原因引起，一个行动很快影响到另一个行动。如果能用这个说法的话：也就是没有用来斡旋的、中立的空当。因为战争涵盖了大量的相互关系；因为严格地说，一整套的战斗都是彼此相连的；因为在每场胜利中都有一个顶点，越过这个顶点就会是失败和损失的世界——考虑到所有的这些战争内在特点，我们说只有一个结果是有意义的，那就是最后的胜利。不到最后的结果出现，一切都未决定，胜负也难以确定。在这种战争中，我们始终要记住只有最后的结果才能盖棺定论。根据绝对战争的概念，战争是不可分割的，战争的各个部分（各个结果）只有在与整体的关系中才有价值。1812年波拿巴占领莫斯科和半个俄国，这种占领如果没有给他带来他期待的和约，那就是毫无价值的东西。这些结果只是他的战役计划的一部分：还缺少的就是消灭俄国军队。如果加上这一条，和约肯定能顺利签署。但要消灭俄军为时太晚，他的机会失去了。于是，占领不仅对他毫无用处，而且还是一场灾难。

战争结果彼此相关是一种极端的观点，与之相对的是另一种同样极端的观点，就是说战争由单个的、彼此不相干的结果组成，就像一个赛季由好几场比赛组成是一样的道理。前面的比赛对后面的比赛没有什么影响，重要的是总分，每场单个比赛的结果加起来就是总分的结果。

第一种观点从战争的性质来看是正确的，第二种观点从实际历史来看是正确的。不怎么费事就获得一些微利的例子不胜枚举。战争的暴力性质越不强烈，这类情况就越普遍。不过，虽然绝对战争在现实中不可能做到，但第二种观点也不可能普及到令人可以完全忽略第一种观点的存在。假如我们认定两种观点中的第一种，必须从一开始就把战争看成一个整体，统帅采取第一步行动时就已经有明确的目标，所有的行动方针都指向这个目标。

如果我们认定第二种观点，就会认为赢得每次小型战斗都是有意义的，而把其他一切留待以后解决。

既然两种观点都能产生结果，理论就不能忽视任何一种。在运用这两种观点时，理论要明确地指出，所有军事行动必须以第一种观点为出发点，因为那是基本概念。至于第二种观点，只能作为随情形的不同而做的修改。

1742年、1744年、1757年和1758年，腓特烈从西里西亚和萨克森向奥地利发起新的攻势，当时他非常清楚他无法像占领西里西亚和萨克森那样永久占领任何其他地区。他的目的不是推翻奥地利帝国，而是想要达到一个次要的目标，也就是赢得时间和力量。而且，他追求这个次要目标时不用害怕危及自己国家的生存。

普鲁士在1806年，奥地利在1805年、1809年确定的目标还要小得多——只是想把法国人赶到莱茵河对岸。如果这些国家没有仔细研究在采取了第一个步骤后的胜败结果将带来的一连串事件，以及由此通往和约的道路，那就是做了蠢事。这种研究必不可少，既为了确定该如何在安全范围内开发利用战斗的成果，又可以确定如何阻止敌人的成功。

仔细研究战史就能发现上述战例有所不同。在十八世纪西里西亚战役时代，战争是政府的事，民众只是役用的工具；在十九世纪初，作战双方的人民已经起到举足轻重的作用。十八世纪反对腓特烈大帝的将帅只是奉命行事，这意味着谨慎是他们的突出特点。但现在，奥地利人和普鲁士人的对头是——说得直白点——战神本人。

这种战争的巨大变化或许带来了新的对战争的看法。在1805年、1806年、1809年，人们或许已经意识到有可能出现彻底的毁灭——事实上毁灭就在他们眼前。这肯定激发了他们愿为更高的目标付出更大的努力，而不仅仅满足于夺取几个要塞和中等省份。

然而，虽然奥地利人和普鲁士人用新式武器改进军队装备的程度表明，他们已经注意到盘旋在政治世界上空预示暴风雨的乌云，但他们的态度转变得不够充分。他们没有成功，因为历史还没有把战争的巨变充分地揭示出来。事实上，1805年、1806年、1809年的战役以及随后的战役为我们掌握现代的、具有毁灭性力量的绝对战争概念提供了方便。

因此，理论要求在战争起始，战争的特点和规模都必须由政治的可能性来决定。如果这些政治的可能性把战争推向它的绝对形态，那么，交战双方就会被深深地牵扯进去，并且被拖进旋涡，各个军事行动之间的联系也会更加清晰，不想好最后步骤绝不采取第一步骤的必要性也会更加迫切。

军事目标的大小和花费力气的大小

对抗敌人的力度取决于每一方政治要求的大小。在已知的情况下，这些要求会显示出每一方该付出多大的努力，但我们并不完全了解这些要求，这就是为什么双方花的力气不一样的原因。

交战双方的情况和条件也不一样，这是第二个原因。

各国政府的意志力、特点和能力都大相径庭，这是第三个原因。

以上这三点考虑带来了不确定性，难以衡量会遇到多大的抵抗，难以把握该采取何种手段，该树立何种目标。

在战争中付出的努力太小不仅会造成一事无成，而且会造成严重的损失，所以任何一方都想在做出的努力方面胜过对方，这就形成了相互作用。

这种相互作用导致人们最大限度地付出努力（假如这个最大限度有量化标准的话）。但如果这样的话，行动和政治要求之间的比率就会失调，手段与目的不对等。在大多数情况下，由于会引起国内矛盾，最大限度使用军事力量的政策难以实施。

于是，交战国又被迫走中间路线。他的行动原则变成了所使用的力量和所达到的军事目标只要能满足政治目的即可，绝不超过这个限度。为了把这个原则变成现实，他在任何具体情况中会置绝对胜利于不顾，也不考虑任何较远的可能性。

在这一点上，智力活动离开了精确的逻辑和数学领域，也就是离开了科学领域，进入了艺术领域（就该词的广义而言），成为一种能在大量事实和情况中判断出什么是最重要、最关键因素的本领。毫无疑问，这种判断力或多或少在于对各种因素和伴随情况进行本能比较，分清轻重缓急，以严格的逻辑推理达不到的速度抓住最重要、最迫切的事情。

我们必须审核己方的政治目标和敌人的政治目标，以便发现该往战争中投入多少资源。我们必须衡量敌国的力量和情况，敌国政府、人民的特点和能力，以及我们自己的相应情况。最后，我们还必须评估其他国家的政治同情心倾向哪一边，战争对这些国家有何影响。要对这些情况的各种变化形式进行估计，那是一项艰巨的任务。能对它们迅速而正确地做出判断，这需要天才的直觉，用系统研究来掌握这些错综复杂的大量事实显然是不可能的。波拿巴说这是一道连牛顿都会感到畏缩的几何难题。

需要掂量的因素范围很广、多种多样，而且很难把握分寸，这些势必会影响正确结论的得出。我们还要记住战争有其独特的、巨大的重要性，这虽然不一定增加问题的难度和复杂性，却会增加正确决策的价值。责任和危险不会使普通人的思想得到自由或激励，其实，往往起的作用正好相反。但如果责任和危险真能把个人的判断力和信心解放出来的话，那意味着我们肯定碰到了少有的杰出人物。

一开始，我们就必须承认，即将来临的战争，它的目标和它所需要的资源都只有在对所有情况进行通盘考虑后才能进行评估，最短暂的因素也应该包括在考虑范围内。我们必须意识到用这种方式得到的结论并不比战争中的别的结论更客观，而是会带上决策人的智力特征和性格特点，不论这个人是统治者、政治家还是指挥官，也不论这些角色是否集中在一个人身上。

当我们考虑到被时代和普遍环境所左右的国家与社会的性质时，对这个问题进行笼统的、理论性的研究就是可行的。让我们来简单地看看历史。

半开化的鞑靼人、古代共和国、中世纪的封建领主和贸易城市、十八世纪的国王和十九世纪的统治者及人民，都用其独特的方式指挥作战，使用不同的手段，追求不同的目标。

鞑靼族不断在寻找新土地。这个民族携带妻儿老小一块出征，在人数上超过任何军队。他们的目标是使敌人屈服或赶走敌人。这种方法如果跟高度文明结合在一起肯定是所向披靡。

除罗马外的古代共和国版图都很小，军队更小，民众是排除在军队之外的。这些共和国数量繁多，彼此毗邻，自然法则在互不相干的小单位中建立的均势对于大事业是一种障碍。因此，这些共和国的战争只限于掠夺乡村、攻占若干城镇，只是为了对这些乡村城镇造成威慑力。

罗马是一个例外，但只在后期。为了掠夺和结盟，罗马数世纪来一直使用小股军队与邻国发生小规模战争。与其说罗马是靠征服发展起来的，不如说是靠结盟发展起来的，因为周边民众逐步与罗马融为一体，形成大罗马国。只有当扩张到南意大利时，罗马才开始用征服来扩大版图。迦太基沦亡了，西班牙和高卢被征服了，希腊屈服了，罗马的统治扩大到亚洲和埃及。那个时期罗马的军事力量是巨大的，它不费太大力气就成了一个大国。财富维持着它的军费开支。罗马不再是希腊共和国的模式，甚至跟它自己的过去都不同。罗马是一个特例。

同样，亚历山大所发起的战争就其方式而言也是独一无二的。亚历山大用他的训练有素、组织性极强的小型部队以摧枯拉朽之势粉碎了若干亚洲国家。他冷酷无情、毫不停顿地在亚洲大地上纵横驰骋，一直抵达印度。这是一个共和国做不到的，只有当一个国王御驾亲征，好像是自己雇佣兵的头儿似的，才有可能如此迅速地做到这一点。

中世纪大大小小的王国靠封建征召来发动战争，这就限制了它们的行动。不能在很短时间内完成的事就被视为办不到的事。封建军队本身是一群家臣和仆人，部分因为法定义务，部分因为自愿结盟而拼凑在一起，整个相当于联邦组织。武器和战术都建立在个人战斗的基础上，不适合大部队的有组织的行动。没有哪个时期的国家像这个时期这么松散，个人如此不受约束。把这些因素结合起来的中世纪战争因而就具备了独特性。这种战争比较快就能发动起来，在战场上不会耗费太多时间，目标通常是惩罚敌人，而不是使敌人屈服。抢走了敌人的牛羊，烧掉了敌人的城堡便万事大吉，可以回家了。

贸易城市和小共和国创建了雇佣兵头目制度。这些雇佣兵费用很高，军队的人数受到很大限制，战斗力也很小。显然，他们根本不可能把力量发挥到极致，而战斗一般都是虚晃一枪就拉倒。总之，仇恨与敌意不再推动国家参战，而是成为谈判桌上的筹码。战争失去了冒险性，整个性质都变了，人们根据战争本质所确定的有关战争的一切完全用不上了。

封建领地制度逐渐演变成对界限分明的国土的统治。国家的组织结构比以往更紧密了，个人服役由实物税——主要是金钱所替代，封建征兵制由雇佣兵所取代。雇佣兵头目制就是这个转变的过渡时期。有一段时间里，雇佣兵也成为大国使用的手段。但很快，签了短期合同的军人演变成长期领军饷的士兵，国家的武装力量变成正规部队，从国库支取军费。

在朝这个目标自然演变的过程中，这三种军事制度出现过无数次重叠的现象。在法国亨利四世封建征兵制时代，雇佣兵和正规部队同时并存。雇佣兵头目制一直延续到三十年战争[1]，在十八世纪还能看到它的影子。

正如在不同时期有着不同的军事制度，欧洲国家所有其他

1　三十年战争（1618—1648），由神圣罗马帝国内战演变而成的欧洲国际战争，以哈布斯堡王朝战败而结束。——编注

条件在不同时期也有所不同。欧洲基本上已分裂成众多小国家，有些是内部动荡不安的共和国，有些是中央权力很有限的岌岌可危的小王国。这种类型的国家不能说是真正的统一体，只是一堆关系松散的势力的结合。所以，我们不能把这种国家看作可以按简单的逻辑规则行动的智能代表。

中世纪的政策和战争就应该从这个角度来考虑。我们只要想想五百年间，德意志皇帝是如何屡屡进犯意大利领土的。他们从未完全征服过这个国家，也不打算这么做。人们不费力气就能想到这是一个长期延续的错误，一个产生于那个时代精神的谬见，但如果把这种情况看作是大量重要原因造成的会更合理一些。我们虽然能很聪明地了解这些原因的实质，但我们不可能像一直与这些因素打交道的人那样清楚地领悟它们。从这场混乱中最终脱颖而出的大国需要时间来巩固和组织自己，它们大部分力量和精力都用在这个方面。对外战争打得不多，如果真打起来的话，那也是参战国政治上不团结、不成熟的表现。

英国对法国的战争是最早的这一类战争。但法国不能看作真正的王国，只是一些公国和伯爵领地的组合。英国这个国家尽管更加团结紧凑一些，但仍然在战争中采用封建征兵制，而且内部纷争不断。

在路易十一时期，法国在内部统一方面迈出了一大步。它在查理八世时期成为侵略意大利的强国。在路易十四时代，法国国力和军队达到鼎盛。

西班牙在阿拉贡的斐迪南时期开始统一。在查理五世的统治时期，通过一系列有利的联姻，一个包括西班牙、勃艮第、德意志和意大利的强大的西班牙王国平地而起。这个大国虽然缺乏团结和内部稳定，但用财富弥补了这些不足。它的正规部队首次与法国的正规部队抗衡。查理五世退位后，这个庞大的国家分裂成两部分——西班牙和奥地利。奥地利得到了波西米亚和匈牙利后实力大增,以一个大国雄姿崭露头角,把德意志联邦当作拖船拖在后面。

十七世纪末,也就是路易十四时代,可以看作是十八世纪那样的正规部队已在走向成熟的转折点。这种军事组织建立在金钱和征募的基础上。欧洲国家已完全走向内部统一。各国政府把臣民人身服役改为金钱纳税,政府的实力就完全依赖国库是否充盈。得益于文化发展和行政管理逐步完善,这些国家的国力相比于过去大大增强。法国有数十万正规军可以奔赴战场,其余国家根据人口比例也有相应的正规军储备。

国际关系也与以前不同了。欧洲现在分裂成一打王国和若干共和国。可以想象,两国交战不必像以前那样牵扯到二十多个其他国家。政治结盟关系仍然会有多种多样,但可以对这些关系进行全面考察,对它们在每个具体情况里的盖然性进行评估。

每个国家几乎都在国内实施绝对君主制,君主以下的政治阶层的特权和影响在逐步消失。行政部门完全成为一体,在对外关系中代表国家利益。政治和军事机构已经发展成有效的工具,中央的独立意志利用这些工具发起的战争有可能与战争的理论概念相称。

这段时间出现了三个新的亚历山大——古斯塔夫·阿道夫、查理十二世和腓特烈大帝。他们每个人都凭借有限但高效率的部队把自己的小国变成了大国,粉碎了一切反对力量。假如他们只与亚细亚帝国打交道,可能会更像亚历山大。但从他们所冒的风险来看,他们不可否认地预示着波拿巴的横空出世。

可是,如果说战争在力量和有效性方面有所增长,在其他方面却有所损失。

军费开支从国库支取,而国库在统治者眼里是他的私人金库，或至少是政府的财产，而不是人民的。除了商业问题外，与别国的关系不涉及民众，只涉及国库和政府，至少这是普遍态度。政府那架势似乎它拥有和管理着巨大的财产，还在不断努力增加财富，但这不是老百姓关心的东西。鞑靼人和其军队是合二为一的，古代共和国和中世纪的人民（如果此概念只限于那些有公民权的人）在军政大事中仍然起着突出的作用，但到了十八世纪的环境里，民众的作用消失了。人们对战争的影响变成了间接的——只通过素质好坏表现出来。

于是，战争只是政府的关注对象，政府脱离群众到如此地步，仿佛它自己就是国家。政府发动战争的方式就是从国库拿出金钱和在本国、邻国招募无业游民。结果是能用上的手段一目了然，双方从人数和时间上很容易判断出对方的潜力。战争由此而失去了最危险的特征，也就是走向极端的倾向，从而也失去了一系列难以估计的可能性。

敌人的财力、国库和贷款信用能估摸出来，连同敌人的军队数量都大致知晓。战争开始时大量增加这些要素是行不通的。知道敌人力量的局限性后，人们知道自己肯定不会遭到彻底的毁灭；知道自己的局限性后，人们不得不限制自己的目标。不受极端情况的威胁，自己也不会铤而走险。必然性已无法驱使人们去追求极端，只有产生于勇气和雄心的冲动可以，而这些受到国家的普遍条件的强烈约束。就是国王挂帅也要以最小的风险使用他的军队。军队假如被摧毁，可就招募不来第二支，除了军队，他一无所有。这就要求在采取行动时要特别慎重。要有决定性的利益，才能使用军队这个宝贵的工具。只有最高级的指挥才能发现这种决定性的利益。只要没出现这种机会，军事行动就没有意义，按兵不动才是正理，所有的动机性力量都保持不动。侵略者的原始动机在犹豫和谨慎中夭亡。

作战实际上变成了真正的纸牌游戏，用时间和意外事件来洗牌。作战事实上是较强的外交形式，更有力的谈判方法，战斗和围攻是谈判中交流的主要意见。即使雄心勃勃的统治者有再大的目标，也大不过为了能在和平会议上开发利用的若干利益。

正如我们所说的，出现这种规模很受限制的战争形式是因为战争所依靠的基础很狭窄。就连像古斯塔夫·阿道夫、卡尔十二世和腓特烈大帝这样天才的、带着高素质军队的指挥官和君王，也只能做到略高于他们时代的一般水平，也只能满足于平庸的胜利，这是因为欧洲存在着力量均衡。从前，欧洲被分割成众多小国家，没有一个国家可以迅速扩张，因为被种种直接而具体的利害关系所阻止，比如彼此靠得太近、有血亲关系和私交关系。现在，国家变大了，各个国家的中心相距远了，各国形成的广泛利益成为限制它们发展的因素。带有引力和斥力的政治利害关系形成一个极其敏感的交叉点，在欧洲打响任何一炮都不可能不影响各个国家的利益。因此，新亚历山大除了锋利的剑外还需要另一样东西：一支现成的笔。即便如此，他对别国的征服也很少会是大手笔。

即使路易十四决意要打破欧洲的力量平衡，即使他在十七世纪末就已经不在乎他引起的普遍敌意，但他发起战争时仍然走的是传统路线。虽然他的军队是最伟大、最富有的王国的军队，但其特点与对手军队的特点毫无二致。

掠夺和糟蹋敌人的领土在古代、鞑靼人时代，甚至中世纪都发挥过巨大作用，但现在这种做法是有违时代精神的。大家都认为这是没有必要的野蛮，只会激起报复，是一种伤害了敌人民众而不是敌人政府的做法，既没有用，又长期阻止了整个文明的进步。战争不仅在手段上，而且在目标上都越来越局限于军队本身，军队用它的要塞和准备好的阵地组成国中国，暴力色彩逐步消失。

整个欧洲为这种发展而欢呼。大家认为这是启蒙时代的自然产物。其实，这是概念上的错误。启蒙时代不会产生矛盾，就像我们前面说的，而且我们还要再说一遍，二加二不可能等于五。然而，欧洲民众得益于这种发展，尽管战争变成了政府的事，与民众的利益越来越不相干。在那段时间里，进攻者的战争计划大多只是夺取敌人的一两个省份，防御者的计划只是阻止进攻者的这个计划而已。一个具体的战役计划就是占领敌人要塞或保住自己的要塞。只是为了这个目的绝对必要才会发生战事。如果因为求胜心切而不是为了非战不可，那么，这种行为就会被人视为鲁莽。通常一个战役只包括一次围攻，或最多两次。冬季休战对任何一方都是必要的，一方的不利状况并不意味着对另一方有利，几乎双方都会停止接触。冬季对军事行动来说是一个严格的分界线。

如果双方势均力敌，或者进攻方是相对较弱的一方，仗就打不起来，也不会有城镇遭到围攻。整个战役变成守住某些阵地和补给站加上有步骤地蚕食某些地区。

只要这是普遍的战争形式，只要战争的暴力性受到这番严格而明显的限制，没人觉得有什么不妥。相反，人人都觉得应该如此，等到了十八世纪批评家开始分析战争艺术时，他们只注重细节研究，而不再考虑战争的基本性质。于是就出现各式各样有关伟大和完美统帅的说法，甚至连奥地利的道恩都被认为是伟大的指挥官，尽管他的丰功伟绩是让腓特烈大帝完全达到了目的，而使玛丽亚・特蕾西亚[1]完全失败。只是时不时有一些真知灼见的人——一些通情达理的人会建议，如果拥有优势兵力，

1 玛丽亚・特蕾西亚（Maria Theresa，1740—1780），匈牙利和波西米亚女王，奥地利女大公。——编注

就应该争取积极的战绩，否则，战争即使是花样百出，也不像一个打仗的样子。

这就是法国大革命爆发时的情形。奥地利和普鲁士想用我们描述过的外交战争来对付法国大革命。它们很快发现这根本不管用。一开始，按习惯思维方式推断局势，人们指望面对的只是被严重削弱的法国军队，但在1793年，一种势力的出现超出了所有的想象。战争突然之间又变成了全民的事务，三千万以公民自居的民众参与其中。我们不必详细研究伴随这场剧变的情况，只要关注与我们讨论的问题有关的后果。民众成为战争的参与者，而不像以前只是政府和军队参战。整个国家都孤注一掷，可用的资源和力量超过所有常规界限，没有什么可以阻止发动战争的能量，结果法国的对头面临的是最大的危险。

直到革命战争末期，这个剧变的结果才崭露头角或完全被人感知。革命内部的争斗还没有不可避免地导致最后的结果，也就是欧洲君主制的彻底灭亡。德意志军队还时不时地抵抗着，阻止胜利的洪流。但仅仅是因为技术不成熟阻止了法国前进的步伐，一开始是普通士兵缺乏经验，继而是他们的将帅，然后是督政府领导下的政府本身还不成熟。

当这一切在波拿巴手中趋于完善后，这个建立在全民皆兵基础上的毁灭性战争力量开始以不可抵挡之势横扫欧洲。这股力量自信笃定，那些传统类型的军队一遇上它就毫无悬念地溃败。就在这时，欧洲开始反应过来。西班牙战争自然而然成为全民关心的事。1809年，奥地利政府组织了史无前例的后备力量和民兵，很快就胜利在望，并远远超过奥地利过去认为可能做到的事。1812年，俄国步西班牙和奥地利的后尘，这个国家幅员辽阔的条件使它得以亡羊补牢，较迟的准备也产生了效果，甚至取得了后发制人的优势。这一切都获得了辉煌的成果。在德意志，普鲁士率先崛起，把战争变成全民的焦点，在没有金钱和信贷的情况下，用原来人口的一半动员了一支比1806年多出一倍的军队。德意志其他地方开始一点一点地效仿普鲁士，奥地利虽然没有付出与1809年相等的努力，但也出动了前所未有的兵力。结果是在1813年和1814年两次战役中，如果算上所有参战和损失的人员，德意志和俄国在战场上共投入了一百万兵力对抗法国。

在这种状况中进行的战争出现了势不可挡的威力。虽然不尽比得上法国的力度，虽然时不时地会有胆怯的表现，但整个作战形式出现了崭新的面貌，与过去完全不同。只在八个月的时间里，战区从奥得河畔转到塞纳河畔，高傲的巴黎第一次低下了她的头，可怕的波拿巴束手就擒。

从波拿巴开始，战争首先在法国，继而在法国的敌对国又一次成为全民关注的对象，战争又获得了完全不同的性质，或不如说开始接近战争的本质特征，它的绝对纯粹的形态。资源被源源不断地动员起来，政府和人民所表现出来的活力和热情不再有任何制约。各种因素增强了这种活力：大量可用的资源，大把大把获胜的机会，被普遍激起的深厚情绪。战争的唯一目标变成了打垮对手，不把敌人打趴下绝不收手进行谈判妥协。

于是，战争要素从一切因循守旧的桎梏中解放出来，爆发出势不可挡的本质威力。这是由于民众参与了国家大事，他们之所以会参与，一方面是因为法国大革命对各国国内局势的影响，另一方面是因为法国对各国造成的威胁。

将来还会是这样吗？从此以后，欧洲的每次战争是不是都会动员一个国家的全部资源，是不是只为国计民生的大事才展开呢？或者，我们还是会看到政府和它的民众彼此逐步分离？这是很难断定的，我们也不敢妄加评议。但读者会同意我们这个看法：原有的障碍主要是在于人们不知道有什么样的可能性，当障碍一旦被撤除，就不太容易再重新设置。至少，每当发生重大利害关系时，双方的敌对情绪就得用今天这样的方式来解决。

至此可以结束我们的历史考察了。我们的目的不是为每个时期规定战争原则。我们要表明每个时代都有自己的战争形式、自己的有限条件、自己的成见。因此，即使人们普遍想根据科学原理来判断事物，但每个时代都持有自己的战争理论。由此可见，每个时代的事件都应该在考虑了时代的特殊情况后再做判断。我们只有把自己摆在过去指挥官所处的时代情景中，才能理解和正确评价他们的所作所为，而且我们不要在琐碎的细节上纠缠，而是要了解主要的、决定性的因素。

不过，虽然战争受到各国和它们军队的特殊条件制约，但还是应该包括一些一般性的，也就是普遍的原则——这就是每个理论家首先要关注的因素。

最靠近我们的时代是战争这种普遍性原则最强势的时代，也是战争达到了绝对暴力形态的时代。但是，将来的战争不会总是这么声势浩大、规模宏伟，总会有受到严格限制的时候。而理论如果只单单研究绝对战争，那么就会忽视战争性质由于外因而发生变化的情况，或者把这些情况当作错误倾向加以抛弃。这不是理论家所应该做的。理论的目的是揭示现实的战争，而不是理想中的战争性质。所以理论家应该仔细查考所有资料，对这些资料进行研究、区别和整理分类，要始终把所有可能导致战争的各种情况牢记在心。只有这样做，才能勾勒出战争的突出特点，既包括时代特征又包括当时的具体情况。

我们只能说交战国采取的目标、需动用的资源都应该根据其具体处境量力而行，但同时也应该符合时代精神和一般性特点。最后，交战国应该服从战争本质得出的一般性结论。

第四章　军事目标的进一步确定：打败敌人

战争目的应该还原成战争的本来面目——打败敌人。我们把这个基本思想作为我们的出发点。

但究竟什么是“打败”？占领整个敌人领土并不一定是必要的。如果在1792年巴黎就被占领，那时大革命肯定会结束，甚至不需要打垮法国军队，因为那个时期的法国军队兵力很弱。然而，在1814年，如果波拿巴仍有大量的军队支持他，即使占领了巴黎也无济于事。事实是他的军队大部分被消灭，所以在1814年和1815年，占领巴黎就意味着尘埃落定。回过头来看，如果波拿巴在1812年夺取莫斯科的前后成功地在卡卢加公路上粉碎了十二万俄军，就像他在1805年粉碎了奥地利军队，在下一年粉碎了普鲁士军队一样，他对莫斯科的占领就可能导致媾和，尽管还有大片土地没被征服。1805年的奥斯特利茨会战起到决定性作用：占领维也纳和奥地利三分之二的领土不足以实现和谈；相反，奥斯特利茨会战之后，就算匈牙利分毫未损，也无法阻止和谈进行。最后一击就是要打败俄军，沙皇手头没有其他军队援助，缔结和约会是波拿巴这场胜利的必然结果。假如俄军在1805年多瑙河同奥地利军队并肩作战，一同失败，夺取维也纳已没有意义，和约早已在林茨签署。同样，全面占领一个国家可能还不够，1807年在普鲁士的战事就是一个典型事例。法军在埃劳对普鲁士的盟军——俄军取得的胜利令人怀疑，不足以给对方决定性的打击，如果想得到一年前奥斯特利茨会战的结果，就必须在弗里德兰取得决定性胜利。

这些事件证明胜利不只来自一般原因。特殊因素（也就是只有当事人知情的那些细节）往往起到决定性的作用。还有一些我们不知道的精神因素在发挥作用，甚至是一些境遇和偶然事件在左右着局势，它们那么微不足道，在历史中只当作逸闻趣事记录下来。

在这里，理论家要说的是：我们必须把交战国双方的主要特点牢记在心，这些主要特点中会产生一个中心点，而所有一切都取决于这个力量和行动中心。这就是我们必须集中所有力量对付的敌人的重心。

大事情决定小事情，重要事情决定不重要的事情，本质决定偶然，这就是我们要把握的方向。

对亚历山大、古斯塔夫·阿道夫、卡尔十二世和腓特烈大帝来说，重心就是他们的军队。军队没了，他们在历史上就会沦落为失败者；对那些国内纷争不断的国家来说，首都通常是它们的重心；对依赖大国生存的小国家来说，盟军是它们的支撑点；在结盟状态中，共同利益是重心；在民众战争中，领袖的个性和公共舆论是重心。这就是我们集中精力要对付的东西。敌人一旦慌了手脚，就不能给他机会恢复镇定。一轮又一轮的打击就应该朝这个方向进行下去，换句话说，胜利者应集中全力打击敌人的重心，而不是敌人的某一小部分。不要投机取巧，用优势兵力去换取某些地区，只求占领比较可靠的次要地区，而不索取更大的胜利。只有不断寻求敌人的核心，为求全胜而投入全部兵力去击碎这个核心，才能打败敌人。

不过，不论敌人的中心力量是什么——这固然是你重点打击对象，但摧毁敌人的武装力量仍然是最好的开端，在任何情况下也是战役的重要特征。

按照一般经验，我们认为打垮敌人最重要的行动有以下几点：

1. 如果敌人的军队处在十分重要的位置，消灭敌人的军队；

2. 如果敌人的首都不仅仅是行政中心，而且是社会、行业、政治活动中心，就占领他的首都；

3. 如果敌人的主要盟军比他强大，给予其盟军有效的打击。

到现在为止，我们只是按一般所允许的那样把敌人看作一个整体。但当我们已确定如要打垮敌人就必须战胜集中在他重心的抵抗实力时，我们就得放弃这个看法，把敌人看成不止一个。

两个或两个以上的国家联合对抗一个国家，从政治角度看，结果还是一场单个的战争。不过，这种政治联合的程度是不同的。问题是每个国家是否追求的是各自的利益，是否各有各的手段，或大部分同盟的利益和力量都是服从其中一个主要国家的。其他国家愈是服从一个国家，我们就愈能把所有对手国家看作一个整体，就愈能制订主要计划开展一次大的打击。如果这一切都是可行的，这就是通向胜利最有效的手段。

因此，我可以说这是一个原则，如果你能靠打垮其中一个来征服所有敌人，那么，打垮这个敌人就是战争的主要目标。我们打击了这一个敌人就等于击中了整个战争的重心。

只有在极少数的情况下，上述概念不成立，也就是不能把几个重心归结于一个。在这种情况下没有选择，只有当作两场或甚至更多的战争来对付，每场战争都有一个目标。这意味着有若干独立的敌对国存在，优势在敌人那边。如果真是那样，无胜算可言。

我们要进一步谈谈这个问题：上述目标何时是可行的、正确的？

首先，我们的军队必须足以：

1. 对敌人取得一次决定性的胜利；

2. 付出必要的努力，把胜利推向敌人再无还手之力的地步。

接着，我们必须确保自己的政治地位很安全，此番胜利不会招来新的敌人，迫使我们即时放弃针对第一个敌人的努力。

即使法国在1806年招来俄国全部的军队，法国仍可以消灭普鲁士，因为它可以在普鲁士土地上保卫自己。1808年，法国可以在西班牙做同样的事来对抗英国；但针对奥地利却不行。到1809年，法国在西班牙的兵力大减，如果不是已在精神和物质上优越于奥地利，法国恐怕早就放弃西班牙了。

这三个战例需要仔细研究。这就好像我们赢了第一场官司，却在上一级法庭输了，最后还得付诉讼费。

有人在估计军队的实力和能力时，觉得时间也应该像在力学里一样算作一个因素。他们认为一半努力或一半实力可以在两年里完成全部努力或实力在一年内完成的事。这种假设在军事计划的依据里时隐时现，实际上，这是完全错误的想法。

军事行动像生活中的其他事物一样需要时间。显然，没人可以花一星期从维尔纳走到莫斯科，但在军事行动中找不到力学里的时间和能量的相互关系。

交战双方都需要时间，问题只是哪一方可以根据自身条件从时间里获取特殊利益。仔细想一下双方的处境，答案是明显的：较弱的一方受益——这得归功于心理法则而不是力学法则。羡慕、嫉妒、焦虑，有时甚至慷慨都会自然偏向失败者。这些情感会为他赢得新朋友，也会削弱和分裂他的敌人。时间更青睐于失败者而不是胜利者。还有一点要记住，我们在别处已谈到过，利用第一次胜利是要花大力气的。不仅要花力气，还要持续付出努力，就像维持一个大家庭似的。征服了敌人的土地当然能带来额外的财富，但不一定能满足额外的支出。如果得不偿失，供应就会越来越紧张，最后会枯竭。这样一来，仅仅时间就可以使情况发生剧变。

波拿巴在1812年从俄国和波兰搜刮的钱财能够养活他要守住莫斯科的几十万军队吗？

但是，如果占领的地区很重要，如果在这些地区中有一些地方对未占领的地区意义重大，对方的衰败就会像癌症一样蔓延开来，如果仅此而已，没有别的事情发生，那么征服者就可以得到纯粹的利益。假如被征服者得不到任何外援，时间就可以完成征服者已经开始的工作，未占领的地区也许就会自然沦陷。这样的话，时间就会成为征服者力量的一个因素。不过，唯有在这种条件下才会产生这样的结果，也就是被征服者已无力还手、情况不可能发生逆转——实际上这个因素已不具备价值，因为征服者的目的已经达到，最大的危机已经过去，敌人已经服输。

这一系列的观点表明，占领必须完成得越快越好，如果占领花的时间太长，超过了绝对必需的时间，不仅不会更容易，反而会更难。如果这种看法是正确的，那么，同样正确的是一般情况下只要有足够的力量完成某个地方的占领，就应该有力量在一次军事行动中完成，而不是分阶段完成。当然，这些“阶段”并不包括军队集结或管理调配所需要的短暂停顿。

我们希望把观点已经说得很明确，那就是进攻战需要速战速决。如果真是如此，那么，认为渐进的、所谓有步骤的占领比不间断的占领更安全、更明智就是没有根据的。然而，即使是同意我们观点的人也可能觉得我们的想法看上去似乎很矛盾，同最初的印象不同，与根深蒂固、老生常谈的说法，与频繁出现在书中的说法不相符合。这使得我们觉得有必要对所谓的反对意见进行详细审查。

当然，实现就近的目标比实现远处的目标要容易得多。但如果实现就近目标并不能达到我们的目的，那么，停止行动或暂停行动并不一定能让我们下一段路程更顺利地走完。一次短的跳跃当然比一次长跳跃更容易，但没有人在跨越一条宽沟时，在半空中泄气。

如果探究一下所谓有步骤进攻行动的依据，我们常常会找到以下几点：

1. 在进攻的路上要夺取敌人的要塞；
2. 积攒你需要的储备；
3. 在补给站、桥梁、阵地等构筑工事；
4. 部队在冬营和休息营地休整；
5. 等待来年的援助。

人们为了上述需要得到满足，完全停止攻势，不再前进，以为就能获得新的基地，理论上可以重新获得力量，仿佛整个国家就在军队的后方似的，仿佛随着每一次战役，军队的实力会有所增加似的。

所有这些都是值得赞赏的目标，它们毫无疑问能使攻势更容易一些，但它们不可能保证进攻的结果是令人满意的。它们常常掩饰的是将帅的重重疑虑和政府的优柔寡断。我们现在将从侧面对它们进行驳斥。

1. 对敌方来说等待增援也是一个有用的手段，哪怕不像我们认为的那样更加有用。再说，一个国家在一年内招募的兵员不比在两年内招募的少，因为第二年的净增长同总数比较起来是很少的。

2. 在我们休整部队时敌人也在休养生息。

3. 加固城镇和阵地不是军队的工作，不能作为停止行动的借口。

4. 根据目前军队所采取的给养方式来看，停止行动所需要的补给站多于前进时所需要的。只要前进得当，敌人的给养就会落入我方之手，到了贫瘠的地区，这些物资就可以弥补我方的不足。

5. 减少敌人的要塞不等于停止进攻。这是加强前进的手段，虽然这表面看会导致停顿，但与我们在这里说的停止不是一回事，这种停顿不是停止进攻和减少进攻的努力。只有具体情况可以决定哪一种是正确的做法：围攻、单纯的包围或仅仅是对某些要塞进行监控。但我们可以笼统地说对这个问题的答案取决于另一个问题，那就是只留下实施包围的部队，其余的继续前进是否风险太大。如果没有太大风险，如果还有调遣部队的余地，正确的做法就是推迟围攻，等整个进攻行动完成以后再说。重要的是不要急于保住所占领的地方，从而失去更重要的东西。

诚然，再往前走表面上是有失去到手东西的危险。

我们相信任何形式的行动中断、暂停或暂缓都与进攻战的性质不相符合。如果无法避免,那只能视为一种下策,不会使成功更有把握,而是会更没有把握。严格按道理说,如果不利的因素迫使我们停下来,第二次朝目标进发通常会变成不可能的事。如果第二次进发是可能的,那就根本不需要停下来。当目标一开始就超出你的能力范围,以后也不会有所改变。

我们说一般情况就是如此。我们把人们的注意力拉到这个问题上,只是想要消除那种认为时间对进攻者有利的看法。但政治局势一年一个变,仅此一点就经常使我们的一般道理在具体事例中不适用。

我们看上去似乎忘记了最初的论点,只考虑进攻战了,其实不是这么回事儿。以全面击溃敌人为目标的人很少会诉诸防御,因为防御的直接目标就是守住已有的东西。但我们必须强调没有进攻目的的防御在战略上和战术上都是自相矛盾的,所以我们要重申,防御者一旦取得了防御的利益就应该力所能及地转入进攻。这种进攻才是防御的真正目标,因此,它的目标可以把消灭敌人包括在内。常出现这样的情况,统帅即使心中有宏伟的目标,也仍然喜欢从防御开始。1812年的战役中就体现出这种说法不是空穴来风。亚历山大沙皇在拿起武器时可能一点没料到他可以彻底打垮他的敌人,最后他却真的打垮了敌人。但是,如果有这种想法难道是荒谬的吗?俄国人在战争伊始采取防御形式难道不是很自然的吗?

第五章　军事目标的进一步确定：有限目标

在上一章里，我们提到打垮敌人，认为这是完全有可能的，认为这是军事活动的真正的、基本的目标。现在我们要考虑如果条件不允许实现这个目标该怎么办。

打垮敌人的先决条件是物质上、精神上占很大优势，或者具有雄才大略，敢于冒大险。当这些条件都不具备时，军事活动的目标仅为两种中的一种：占领敌人小块或大块领土，或保住自己的领土，等待转机。后者往往是防御战的目标。

在考虑哪一条是正确路线时，最好别忘了对上述后一种目标的措辞：等待转机，这就假定盼望这种转机是有理由的。一场“等待中的”战争——一场防御战总是以这种前景为基础。不过，当未来留给敌人的前景比留给我们的要好得多，更好的建议是打一场进攻战，也就是说，抓住当前的时机。当未来对任何一方来说都是前途未卜，找不到任何决战的理由时，也许就会出现第三种最常见的可能性。显然，在那种情况下，掌握政治主动性的一方，也就是带有积极目的并以此为战争目标的一方应该发起进攻，无谓地浪费时间对他来说是一种损失。

我们刚才为选择进攻还是选择防御所规定的理由与双方相对实力没有关系，尽管人们认为实力应属于主要考虑因素。但我们相信如果以实力作为权衡标准，就会产生错误的决定。没人能说我们这个简单推论的逻辑性很差，但在现实中它会不会产生荒唐的结果呢？假如一个小国与一个大国发生冲突并预见到自己的处境会逐年恶化，假如战争不可避免，这个小国是不是该在处境进一步恶化之前把握住相对较好的一个时机呢？总之，它应该进攻，但不是因为进攻本身对它有利（相反，这可能会拉大实力上的距离），而是因为在条件愈发恶化之前了结这场争执要么符合小国的利益，要么至少能攫取一些好处确保自己继续努力。没人会说这种观点不合理。不过，如果小国确定它的敌人会发起进攻，它就能够也应该采取守势，以便得到最初的有利条件。这样做的话，它不会因时间耽误而把自己置于不利地位。

同样，假如小国对抗大国，而未来对它们的决定又没有什么影响，小国如果在政治上是主动的一方，那么它就应该主动进攻。既然敢于主动忤逆强大的对手，它就应该有实际行动——换句话说，就是进攻敌人，除非敌人先发制人。如果小国不在执行政策时改变政治决心，那么等待就是没有道理的。临时改变政治决心是常有的事，这就是为什么某些战争的不确定性会叫研究者感到困惑的原因之一。

我们关于有限目标的讨论表明有可能出现两种局限性战争：带有限目标的进攻战和防御战。我们准备用两个章节来讨论它们。但首先要考虑另一个问题。

迄今为止，对于军事目标的修改，我们认为那只是因为国内纷争造成的，而且，我们对政治目标性质的理解只是从它是积极的还是消极的角度来考虑。纯粹从战争本身来看，政策的其他因素与战争无关。然而，正如我们在第一篇第二章（“战争中的目的和手段”）讲到的，政治目标的性质、双方要求的强弱和己方的整个政治局势，在现实中都对作战形式有着决定性的影响。因此，我们打算在下一章给予特殊关注。

第六章　政治目的和政治工具

政治目标对军事目标的影响

一个国家可能会支持另一个国家的事业，但不会像对待自己的事业那么认真。该国会派一支中等规模的军队去支援他国，一旦失利，军事行动取消，该国就会尽可能地以最小的代价脱身。

传统上，欧洲的政治特点就是加入攻守同盟的国家承担互相支持的义务，当然，还未达到无条件地相互支持对方利益，在争端中完全站在对方一边的地步。在不考虑战争目的和敌人出兵规模的情况下，它们事先保证派固定的、通常不太多的军队去支援自己的盟国。在这种攻守同盟状态中的国家并不认为自己在与别国打仗，因为开战必须宣战，还必须靠签署和约来结束。但这种概念并不是在任何情况下都十分明确，实际运用时也是各种各样。

如果同盟国答应把一万、两万或三万军队完全交到被援助国的手里，任凭后者按自己意愿使用这支军队，情况就会明朗得多，也不会有那么多理论上的问题存在。这实际上就是雇佣军的概念。但事情远非如此。这支增援部队只听从自己统帅的指挥，只依靠自己的政府，而这政府给它设定的目标跟政府自己的意图一样模糊不清。

但即使两国都认真要对第三国发起战争，它们并不总这样说："我们要把这个国家当作我们共同的敌人，一起摧毁它，否则我们就会被摧毁。"远不是如此，这件事更像一笔交易。根据所冒的风险和希望分得的利益，各家投入三四万人作为股金，并表明这是能够承受的最大损失。

不仅当一个国家在与自己无重大关系的纠纷中支持另一个国家时会采取这种态度，哪怕两国的主要利益是共同的，采取军事行动时还是会策略性地有所保留。通常同盟国只保证拿出少量的、有限的兵力，其余的兵力为政策有所变动时的特殊目的预备着。

这是过去同盟关系的普遍做法。直到最近，来自波拿巴和他无限驱动力的极端危险迫使人们本能地做出反应。过去的做法半真半假，是不正常的，因为战争与和平在本质上没有分阶段之说。但老做法不只是理性可以忽略的陈腐外交套路，而是源于人性的弱点。

有些战争在没有结盟的情况下打起来，政治因素仍然强有力地影响着这些国家的作战。

假如我们只需要从敌人那里得到一个小小的让步，我们只会为一个不大的等价物战斗，那么付出不大的努力就已足够。敌人也是这么考虑问题的。但假如某一方发现自己估计错误，自己不是像以前所想的比敌人略强一点，而是更弱一点。金钱和其他物资都短缺，精神力量又不足以应付这么大的战事，在这种情况下，他只能尽力而为，虽然没有更好的前景可盼望，但他还是期盼着。战争就这样像一个饿得快昏倒的人一样，缓慢地朝前拖曳着。

于是，战争中的相互作用、相互比试，战争的暴力性和逼迫性都因为缺乏动机而停滞。任何一方只舍得采取最小的行动，任何一方感到的威胁也不大。

政治目标对战争的影响一旦成立（不可能没有），这种影响就停不下来了。结果我们也只得心甘情愿地发动最小限度的战争，旨在威胁敌人，随时准备和谈。

这显然对希望完全是科学性的战争理论提出了质疑，战争概念固有的所有必要性都消弭于无形，其基础受到了动摇。但自然解决方案很快露出水面。当军事行动受制于中庸之道，或不如说，当动机不强时，积极因素就变成消极因素。采取的行动就越来越少，指导原则也就可以束之高阁了。战争艺术萎缩成谨小慎微的艺术，战争艺术的主要工作只是不让脆弱的平衡倒向对敌人有利的方向，不让半真半假的战争变成真正的战争。

战争是政治的工具

至此为止，我们讨论了战争无论从个人还是社会角度都与人类的其他利益不相容——这种区别源于人性，因此，任何哲学都无法解决。我们从各个方面对这种不相容进行了探讨，以免漏掉任何对立的因素。现在我们要寻求这些对立因素在现实生活中因为部分地相互抵消而结合成的统一体。如果不是为了尽可能地明确指出这些对立因素并分别考察之，我们早就从这个统一体开始讨论了。这个统一体是这样一个概念：战争只是政治活动的分支，绝不是自动生成的东西。

当然，众所周知，战争的唯一来源是政治——政府与政府、人民与人民之间的相互交往。但也有可能认为战争中止了这种交往，用完全不同的情况取而代之，并受到自身规律的支配。

相反，我们坚持认为战争仅仅是政治交往的延续，只是加上了别的手段而已。我们特意用“加上了别的手段”这种说法，因为我们也要明确战争本身并没有中止政治交往，或把它变为完全不同的事物。从本质上来说，这种交往还在继续，不论采用的是什么手段。战争所遵循的并受其约束的主要路线，就是贯穿整个战争并通向战后和平的政治路线。战争又怎么可能是别的东西呢？难道人民与人民之间、国与国之间的政治关系会因为没了外交来往就停止了吗？战争难道不是他们思想的另一种表达方式吗？不是另一种口头或笔头表达方式吗？战争的语法是它自己的，但逻辑却不是。

所以，战争决不能与政治生活分离，如果在我们的思考里战争与政治是分道扬镳的，这两个因素中间的诸多联系就会遭到破坏，一切就会变得毫无意义。

甚至当战争是彻底的战争，当战争只是为了宣泄纯粹的敌意时，这个概念也不可避免。难道所有组成战争、所有决定战争主要特征的因素——敌对双方的实力和同盟、它们的民众和政府的特性等，所有在第一篇第一章里列举的因素不都是政治性的吗？不都与政治活动密切相关、不可分割吗？不过，最重要的是在研究实战时把所有这些牢记在心。这样我们就会发现战争并不是像理论所要求的那样无情地走向战争的绝对形态。战争是不完整的、自我矛盾的，战争不可能遵循自己的规律，只能当作其他整体的一部分，而这个整体就是政治。

政治使用战争时，总是避开所有来自战争性质的僵硬结论，无视最终的可能性，仅仅关注直接的盖然性。虽然这给整个事情注入了高度不确定性，把它变成了一场赌博，但每个国家的政府都自信能用技巧和敏锐的头脑来战胜对手。

就这样，政治把毁灭性的战争因子转化为纯粹的工具。政治改变了人需要用双手和全部力量举起、一击而中要害的可怕的战争之剑，把这剑变成了一把轻便的武器，有时候只是用来进行冲刺、虚刺、闪避的花剑运动。

于是，战争使生性怯懦的人类所陷入的矛盾得到了解决，如果我们选择接受这种解决方案的话。

如果战争是政治的一部分，政治就决定了战争的特点。政治愈变得雄心勃勃、斗志昂扬，战争就愈会如此，战争就愈有可能达到它的绝对形态。如果依据这一点来看待战争，我们就无需忽视战争的绝对形态，相反，我们会时时想到这点。

战争只有从这个角度看待才能重新形成一个统一体，也只有这样，我们才能把所有的战争看作同一种性质的东西。只有这一点能为我们制订和判断宏伟计划提供一个正确的标准。

当然，政治不会把影响扩大到具体的战争操作程序。政治不决定在哪儿布置岗哨，或如何配置巡逻队。但政治在战争计划、战役计划里发挥很大的作用，甚至常常在战斗中能看到政治的影子。

这就是我们不急于从一开始就引进这个观点的原因。在研究细节的阶段，这个观点帮助不大，只会分散注意力。但当我们研究战争计划或战役计划时，这个观点就是必不可少的。

生活中最重要的是找到看清事物和判断事物的正确的立足点，并坚守这个立足点。只有从这个立足点出发，我们对所有现象才会有一个统一看法；也只有坚持这个立足点，我们才可以避免似是而非的东西。

制订战争计划不能以两个或多个观点为前提，也就是说，不能先是军事观点，接着是行政部门的观点，然后又是政治观点等等。那么，我们要问，政治是否凌驾于所有事物之上？

普遍意见认为政治的目标是统一和协调内部管理和精神价值的所有方面，统一和协调心理哲学家能够触及的所有方面。当然，政治本身不是别的，只是代表本国所有要防备别国侵犯的利益。至于政治会出错，会促使当权者的野心、私欲和虚荣膨胀，这不是我们要讨论的范围。战争艺术绝不能视为政治的导师，在这里我们只能把政治当作国家所有利益的代表。

所以，唯一的问题是，在制订战争计划时，政治观点是否要让位于纯粹的军事观点（假如这样的观点可以想象的话），即政治观点需要完全消失或从属于军事观点，还是政治观点唱主角，军事观点从属于它呢？

战争爆发跟政治观点完全无关是难以想象的，除非纯粹的仇恨把所有战争变成一场生死搏斗。事实上，正如我们所说的，战争仅仅是政治本身的表达方式，让政治观点从属于军事观点是荒唐的，因为是政治产生了战争。政治是智囊，战争仅仅是工具，绝不会出现相反的情况，因此，只能是军事观点从属于政治观点。

让我们来看一看实战的性质，回忆一下在本篇第三章中提到的：应该根据政治因素和政治关系来认识每次战争的盖然特点和主要轮廓，而且经常（在今天，我们甚至可以说在大多数情况下）把战争看成不可分割的有机体，每个具体的行动都围绕整体展开，并且从整体出发。这样，我们可以很明确地肯定，指导作战的最高观点和决定主要行动路线的观点只能是政治观点。

从这个观点出发，计划就像从一个模子里造出来的一样，对它的判断和理解要容易得多，也更自然一些。它更令人信服，动机性更强，历史也更容易让人理解。

从这个观点出发，在军事和政治利益之间就不再会产生冲突——不管怎么说，冲突不会来自事情的本质。有人认为政治会提出战争无法完成的要求，真是如此，就违背了政治必须了解它所使用的工具这一自然而不可避免的前提。如果政治正确地解读了军事活动，它完全有权也唯一有权决定什么活动和倾向对战争目标最有利。

总之，战争艺术在最高层次上转变成政治，这种政治只是由斗争来实施，而不是靠外交辞令来实施。

我们现在已经看到，把主要军事发展或者其计划当作纯粹来源于军事观点是不能接受的，而且是有害的。像许多政府在造战争计划时做的那样把军人召集起来，向他们询问纯粹的军事意见，这也是不明智的。但更荒唐的是，理论家坚持认为所有军事资源都应该任凭指挥官支配，让他依据这些资源来制订纯粹的战争或战役计划。无论如何，据一般经验，尽管现代战争变化多端、发展迅速，主要作战方针还是由政府来制定，用术语说，就是由纯粹的政治当局而不是军事当局来制定。

事情就应该如此。不考虑政治因素的主要战争思想是起不了作用的。人们常常谈到政治对战争的管理影响很坏，他们这是词不达意。他们争论的焦点应该在政治本身，而不是政治的影响。如果政治是对的，也就是成功的，政治对战争发挥的作用只会是好的；如果得到的是相反的作用结果，那就是政治本身有错。

只有在政治家用某些军事机动和行动来制造与军事性质无关的效果时，政治才会对作战施加不好的影响。就像一个没有完全掌握外语的人有时说话会出错一样，政治家发布的命令也可能达不到想要达到的目的。经常会有这种事发生，所以，对负责大政方针的人来说，必须了解一些用兵之道。

在继续讨论这个问题之前，我们必须对一种误解保持警惕。我们并不相信一位埋头于公文的国防大臣、一位学识渊博的军事管理者、一位只有作战经验的军人可以成为杰出的首相——当君主本人不亲自主持国家大事时。绝非如此。首相这个位置需要出众的头脑和坚强的性格。至于必要的军事知识，他总能通过各种渠道来获得。虽然贝尔—艾尔和舒瓦瑟尔公爵兄弟俩是出色的军人，但法国的军事、政务在他们手里变得一团糟。

既然战争要完全跟政治目标合拍，政治要与用于战争的手段相一致，如果政治家和军人不能合为一个人，那么得当的做法是把总指挥官纳入内阁，这样内阁就可以参与他的主要事务。但这只有当内阁（即政府）离战区很近，做决定不会有时间上的严重损失才行。1809年奥地利皇帝就是这样做的，1813—1815年同盟国也是这样做的。这种做法证明是行之有效的。

最危险的莫过于让其他军人，而不是总指挥官在内阁施加影响。这样做很少能产生正确而强有力的军事行动。1793年和1795年间卡诺[1]在巴黎指挥的那场战争不足为例，因为只有革命政府才能运用恐怖作为武器。

我们可以运用历史考察来结束这一章。

在十八世纪的最后十年，就是战争艺术发生了不起变化的时代里，当时最出色的军队见证了他们的部分教条已丧失作用，胜利的成果以过去不可想象的宏伟规模呈现在人们面前。于是，人们把一切错误归咎于军事错误。显然，战争艺术长期习惯于在狭窄的可能性范围里进行操作，而现在的军事选择已远远超出这个范围，战争艺术因此遭受到巨大的冲击，但这并不违背战争本身的性质。

有些考察历史的人从宏观的角度把这种现象归咎于政治数世纪以来对战争艺术施加了极其有害的影响，把战争艺术变成了半真半假的东西，使之沦落成儿戏。事实如他们所看到的那样，但把这些看作偶然的、可以避免的发展倾向就是错误的。还

---

1 卡诺（Carnot，1753—1823），法国大革命时期共和军的军事战略家。——编注

有一些人认为所有事情的关键在于奥地利、普鲁士、英格兰和其他国家目前追求的政治之影响。

然而，真正的震撼难道的确来自军事，而不是政治吗？用我们的话语来表达，这种灾难是政治对战争的影响造成的呢，还是政治本身的错误造成的？

显然，法国大革命对外施展的巨大影响与其说产生于新的军事方法和概念，不如说产生于政治行政的剧变、政府的新特点、法国民众在境遇上的改变等等。至于说他国政府不理解这些变化，希望用老方法来反对新的、颠覆性的力量，所有这些都是政治上的错误。纯军事观点能让人探明这些错误并给以纠正吗？不行。假如真有一位善于思考的战略家能够纯粹从敌对因素的性质中来推断出一切结果，并根据这些结果来预言对未来的影响，那么，他的思考结果会没有什么实用价值。

政治家只有意识到法国觉醒力量的性质，掌握了目前在欧洲获得的新条件，他们才能预见所有这一切给战争造成的宏观影响，只有这样，他们才能知道手段使用的分寸并更好地使用它们。

总之，二十年革命胜利主要得益于法国的敌人的政治错误。

当然，这些错误只在战争过程中显露出来，彻底颠覆了政治对战争所抱有的期望。但问题不在于政治家忽略了军人的意见。政治家依靠的军事艺术是他们认为真实的世界的一部分——当时治国之道的一部分，一件使用多年、颇为顺手的工具。但这种战争形式跟政治犯有同样的错误，根本不具备纠错功能。不错，战争本身在性质和方法上都有了重要的变化，已经接近它的绝对形态。但这些变化的出现不是因为法国政府把它本身从政治的桎梏中解脱出来，而是法国大革命在法国和整个欧洲创造的新的政治条件引起了这些变化。这些新政治条件启动了新的手段和新的力量，使战争达到过去不能想象的程度。

因此，战争艺术的变革来自政治的变革，这两者根本无法分割，这些变革强有力地证明它们密切相关。

再说一遍，战争是政治的工具，战争必然带有政治的特点，并用政治的标准加以衡量。因此，战争从宏观上讲就是政治本身，只不过是以剑代笔而已，政治并没有因此而停止依照自己的规律进行思考。

第七章　有限目标：进攻战

即使我们不能指望彻底击败敌人，还是可以有一个直接而积极的目标：占领敌人的领土。

这种占领的意义在于减少敌人国家资源，也就减少了他的战斗力，增加了我们的战斗力。在某种程度上，让敌人来负担我们的战争耗费。到谈判桌上，我们还有具体的资产在手，既可保留，也可换取其他利益。

占领敌人领土的这种想法十分自然，唯一缺点是一旦占领就必需采取保卫措施，这会产生某种焦虑。

在“胜利的顶点”那一章里，我们已经详尽地谈过了进攻会如何削弱进攻军队，并指出了导致严重后果发生的情况是如何发展起来的。

占领敌人土地会不同程度地削弱我们的力量，其程度由被占领地区的地理位置来决定。如果与我们的国土相隔不远——不是被我方土地包围着，就是与我方土地毗邻，那么它愈是在我们前进沿线上，我们力量的损耗就愈小。在七年战争中，萨克森是普鲁士战区的自然延伸部分，腓特烈大帝占领萨克森后，军队不但没有被削弱，反而得到了加强，因为萨克森距离西里西亚比距离马克还要近，可以对这两处加以掩护。

即使是1740年和1741年对西里西亚的征服，在完成占领之后，由于西里西亚的形状、地理位置和前线结构，也没有对腓特烈的力量构成压力。只要萨克森没有在奥地利手里，西里西亚留给奥地利的只是一条狭窄的前线，在任何情况下都是双方军队的必经之路。

另一方面，如果我们占领的地区是被敌人夹击的狭长地带，它的位置不在中心地区，布局也不合理，对这种地区的占领显然就是一个负担，敌人要夺回它就不仅是轻而易举，而且是多此一举。每次奥地利从意大利攻入普罗旺斯，都被迫不战而退。1744年，法国没有遭受失败就退出波西米亚，真得感谢上帝。1758年，腓特烈发现那支前一年在西里西亚和萨克森取得辉煌战果的军队却守不住波西米亚和摩拉维亚。军队因占领敌人的地区而遭到削弱、被迫退出的例子不胜枚举，我们就不必一一列出。

原来的问题是我们是否应该以这种占领为目标，现在转为我们是否肯定能守住它，或如果守不住，暂时的占领（靠侵略或牵制）相比于行动的代价是否值得，特别是有没有遭到强烈反攻、乱了阵脚的危险。在“胜利的顶点”那一章里，我们着重指出了在具体情况中需要考虑多少因素。

只有一点我们必须补充说明一下。这种类型的进攻并不总是能补偿在别处遭受的损失。我们忙着占领一个地区，敌人在别处也在做着同样的事。如果我们的计划不是压倒性的重要，根本无法强迫敌人放弃自己的占领。因此，有必要通盘考虑得失问题。

一般来说，假如敌人的地区和我方的地区同等重要，被敌人占领让我们遭受的损失比去占领敌人地区所得到的要大得多。原因是所有资源都不属于我们。不过，对敌人来说也面临同样的情况。因此，不应以此而认为守城比占领更重要。但事实上大家都这么做。守城总是直接关注的事，而且，只有当报复能带来充分的利益，也就是说，得到的明显比失去的要多，我国遭受的损失才能得以抵消或中和。

从以上所有这些得出的结论是，目标有限的战略进攻因负有保卫进攻本身掩护不到的保卫其他地方的职责而举步维艰——比直逼敌人权力中心还要艰难。结果就会在时间和空间上限制集中兵力的范围。

如果要至少在时间上做到兵力集结，就必须在所有适于这样做的地方同时发起进攻。不过，这样的话，进攻就失去了在有些地方防御、只需动用小股军队这样一个好处。这种局限性目标带来的结果是一切相互抵消。我们无法集中所有力量给予致命一击，无法达到与我们主要利益相符合的目标。精力不断分散，阻力到处增加，大部分时间里只能听天由命。

事情就是这样发展下去，拖住指挥官的后腿，让他遭受到越来越多的挫折。指挥官越清楚自己的权力、越自信、越能指挥更多的军队，就越能从这种发展趋势中解脱出来。一旦做到了这点，他就能抓住重要地区，即使这样做要冒更大的风险。

第八章　有限目标：防御战

正如我们所知道的，防御战的最终目的不能是绝对被动。即使是最弱的一方也有办法让敌人不敢掉以轻心，也有威胁敌人的手段。

毫无疑问，理论上可以靠拖垮敌人来追求目的。敌人追求的是积极目标，任何一场不成功的军事行动，即使只是损耗了些军队，其结果也可以看作是一种后退。防御者的损失也不是无谓的牺牲，他守住了自己的地盘，目的达到了。可以说，对防御者来说，他的积极目的就是据守。如果一系列的进攻保证能让敌人筋疲力尽从而放弃进攻，那么，这种看法就是正确的。其实并不尽然。考虑到双方都有损耗，对防御者来说不利的方面更多一些。只有在可能出现转机的情况下，进攻能够削弱敌人。那个可能性一旦失去，防御者只会比进攻者遭到更大的削弱。有两个原因：其一，如果双方损失一样，因为防御者不管怎样是较弱一方，他遭受的打击更大；其二，敌人通常会剥夺他的领土和资源。从这些方面看，进攻者没有放弃进攻的道理。我们得出的结论是如果进攻者继续进攻，而防御者一味地抵御，防御者没有办法阻止对方迟早会进攻成功。

当然，消耗较强一方的力量，准确地说，使较强的一方疲惫常常能带来和约，这在半真半假的战事中能看到，但理论上不能成为所有防御战最终的、最具普适性的目标。

只有一种假设还存在：防御的目标必须体现等待这一理念——这是防御的主要特征。这个理念意味着情况会有所变化，可能从实质上有所改善：如果改善不能来自内部，也就是说，靠纯粹的抵抗不能改善境况，那么，就只能从外部加以改善。外部改善无非是政治局势的变化。要么防御者得到额外的同盟，要么原来反对他的同盟开始瓦解。

如果防御者缺乏力量进行反击，等待就是他的目标。但根据我们对防御下的定义，这并不适用于每个防御。我们认为防御是较强的作战形式，正因如此，防御可以用来发动任何规模的反击。

这两种情况从一开始就得区分开，因为它们对防御都有不同的影响。

在第一种情况下，防御者的目的是保证领土不受侵犯，尽可能长期占有这块土地。这可以为他赢得时间，赢得时间是他唯一能达到目的的方法。他能争取到的最好结果、他的积极目标，也就是从谈判桌上得到他想要的利益的目标，还不能作为他的行动计划的一部分。他不得不在战略上处于被动状态，唯一的胜利结果就是在某些地点击退了敌人的进攻。这些小收获可以加强其他地点，因为所有地点都在承受严重的压力。假如没有机会赚这种小钱，他的唯一利润就是敌人给他一点喘息的机会。

这种防御包括不改变防御性质和目的的小型进攻。这些进攻的目标不是长期占领一个地区，而是暂时拥有以后可能要归还的资产。作战形式可以是劫掠、牵制性进攻或也许占领某些要塞，但都必须保证在防御上能分出多余兵力才行。

第二种情况只有在防御已经带有积极目的的前提下才存在。随着允许反击的条件越成熟，目标就越积极。换句话说，越是主动地采取防御，以便将来有把握进行第一轮反击，防御者就越可以冒险为敌人设置圈套。其中最大胆的，如果成功也是最致命的，就是诱敌深入。这种防御手段与第一种防御类型完全不同。

只要看看七年战争中腓特烈的情况和1812年俄国的情况有何不同就知道了。战争开始时，腓特烈做好了充分准备，占有一定优势。这意味着他可以占领萨克森——他的战区的自然延伸，不会给他的部队带来压力，反而能增强实力。在1757年战役中，他继续完善他的战略进攻，只要俄国和法国没有抵达西里西亚、马克和萨克森，这并不是不可行的。但他的进攻失败了，在这场战役的余下时间里，他只能退而防守，放弃波西米亚，忙着在自己的战区御敌。同一支军队被用来先是抵抗法国，然后是奥地利。取得的胜利都是防御性胜利。

到1758年，当他的敌人收紧包围圈，敌军人数超过他时，他仍计划在摩拉维亚发起小型进攻，他想在敌人没进入战斗状态前占领奥尔穆茨。他不打算守住这个地方，也不想把此地变作继续前进的基地，只想作为对付奥地利人的外堡，作为一种外围工事，迫使奥地利人在战役后期，也许还要用第二年花力气夺回该地。他又失败了，于是，腓特烈放弃了任何大规模进攻的想法，意识到这只会进一步地削弱他相对较差的实力。在他的领地中心，在西里西亚、萨克森集中兵力，利用内线快速朝危险地点增加兵力，机会来了就进行小规模的突袭，静观其变以节省兵力、等待更好时机——这些都成了他的主要计划。他的军事行动渐渐地变得越来越被动。当他意识到胜利也会付出太多代价时，他就尽量减少胜仗。他唯一想做的就是赢得时间，守住领地。他愈来愈珍惜土地，不惜采取真正的封锁线式防御系统。对这种封锁线式防御，亨利亲王在萨克森的部署和国王本人在西里西亚山脉的部署可窥见一斑。腓特烈给阿尔让斯侯爵的信中，我们可以看出他多么盼望不受重大损失就进入冬营。

为此而责难腓特烈，并在他的行为中看到的只是士气低落，在我们看来是非常肤浅的判断。今天在我们眼中，邦则尔维茨营垒、亨利亲王在萨克森的阵地、腓特烈大帝在西里西亚山脉的阵地都不是寄托最后希望的措施——这种战术蜘蛛网如碰到波拿巴这号人必一击而溃。但别忘了，那是因为时代在变化，战争经历了巨大的变革，从完全不同的渠道获取了生命力。在今天已失去作用的阵地在当时可能很有效，敌人将领的性格也是一个重要因素。腓特烈自己不以为然的方法用来对付由道恩、布图尔林[1]指挥的奥地利和俄国军队，或许就是最高智慧的体现。

结果证明这个观点是正确的。靠静观其变，腓特烈达到了目的，避开了会导致军队溃败的困难。

在1812年战役的开始，俄国反抗法国的力量甚至不如七年战争初期腓特烈的力量，但俄国有希望随着战争的进程而逐步强大起来。在深层次，整个欧洲都反对波拿巴，他已把自己的资源用到极致；在西班牙，他打的是一场不讨好的战争；俄国广袤的土地意味着在五百英里的撤退中，侵略者的力量会消耗殆尽。乾坤颠倒的变化是可能的，如果法国进攻失败，全面反击就是定局（只要沙皇没有签订和约，只要他的臣民没有起来反对他，法国人又怎么可能成功呢？），而且法国军队就会遭到彻底毁灭。最高智慧也设计不出俄国人无意中采取的战略。

当时没有人这样认为，这种观点在当时会显得很牵强，但今天没有理由否认它是对的。如果我们想吸取历史教训，我们必须认识到历史会重演，在这种事情上有判断能力的人会同意：朝莫斯科进军途中所发生的一系列大事件绝不是偶然。当然，

---

1 布图尔林（Buturlin，1704—1767），俄国陆军元帅，在七年战争中与普鲁士作战。——编注

假如俄国人在边境上进行防守，法国也有可能衰落，也有可能不走运，但不至于遭到如此大规模、决定性的失败。这是俄国取得的巨大胜利，俄国付出了鲜血和艰难困苦的代价，这个代价对其他国家来说太大了，它们大多根本就付不起。

重大胜利只能通过采取积极措施实行大决战才能取得，决不能是仅仅等待事态发展。总之，即使是防御战，也只有大赌注才能带来大收获。

“译林人文精选”书目

01.《精神分析引论》

▪［奥地利］西格蒙德·弗洛伊德 著，洪天富 译

02.《精神分析新论》

▪［奥地利］西格蒙德·弗洛伊德 著，洪天富 译

03.《国富论》

▪［英国］亚当·斯密 著，章莉 译

04.《查拉图斯特拉如是说》

▪［德国］弗里德里希·尼采 著，杨恒达 译

05.《理想国》

▪［古希腊］柏拉图 著，张竹明 译

06.《战争论》

▪［德国］克劳塞维茨 著，张蕾芳 译

07.《达·芬奇笔记》

▪［意大利］莱奥纳多·达·芬奇 著，周莉 译

08.《论人类不平等的起源和基础》

▪［法国］让—雅克·卢梭 著，黄小彦 译

09.《自然史》

▪［法国］布封 著，陈筱卿 译

10.《论美国的民主》

▪［法国］阿列克西·德·托克维尔 著，曹冬雪 译

11.《乌合之众》

▪［法国］古斯塔夫·勒庞 著，陈剑 译

12.《社会契约论》

▪［法国］让—雅克·卢梭 著，黄小彦 译

13.《菊与刀》

▪［美国］鲁思·本尼迪克特 著，陆征 译

14.《沉思录》

▪［古罗马］玛克斯·奥勒留 著，梁实秋 译

15.《君主论》

▪［意大利］尼科洛·马基雅维里 著，阎克文 译

16.《旧制度与大革命》

▪［法国］阿列克西·德·托克维尔 著，李焰明 译